Yvonne Eisenring
Life Rebel

Yvonne Eisenring

LIFE REBEL

Mein Leben in 6 Städten
und die Suche nach dem,
was wirklich zählt

PIPER

Mehr über unsere Autorinnen, Autoren und Bücher:
www.piper.de

Inhalte fremder Webseiten, auf die in diesem Buch (etwa durch Links) hingewiesen wird, macht sich der Verlag nicht zu eigen. Eine Haftung dafür übernimmt der Verlag nicht. Wir behalten uns eine Nutzung des Werks für Text und Data Mining im Sinne von § 44b UrhG vor.

Die Personen, die in diesem Buch vorkommen, sind zum Schutz ihrer Privatsphäre verfremdet. Namen und Details sind verändert.

ISBN 978-3-492-06465-1
5. Auflage 2025
© 2024 Piper Verlag GmbH, Georgenstraße 4,
80799 München, *www.piper.de*
Für einen direkten Kontakt und Fragen zum Produkt wenden Sie sich bitte an: *info@piper.de*
Satz: Uhl + Massopust, Aalen
Gesetzt aus der Palatino LT Std
Vignetten: Stepan Petrov, shutterstock
Litho: Lorenz & Zeller, Inning am Ammersee
Druck und Bindung: CPI books GmbH
Printed in the EU

Für Corinne

»Es gibt ein großes und doch ganz alltägliches Geheimnis. Alle Menschen haben daran teil, jeder kennt es, aber die wenigsten denken je darüber nach. Die meisten Leute nehmen es einfach so hin und wundern sich kein bisschen darüber. Dieses Geheimnis ist die Zeit.«

Momo von Michael Ende

Inhalt

Prolog 11

Paris 15
Leben in der Schuhschachtel 15
Die Kunst des »Laisser-faire« 20
Das wertvollste Gut 31
Un P'tit Amour 38

Berlin 46
Wer ankommen will, muss abwarten 46
Das Prokrastinationsparadies 54
Zuerst die Arbeit, dann das Vergnügen? 62
Kein Weg des geringsten Widerstandes 72

Mexico City 78
Herzlich unwillkommen 78
Ohne Freunde keine Freiheit 87
Schwindlig vor Angst 93
Das vielleicht größte Privileg 101

Buenos Aires 107
Plötzlich Millionärin 107
Das Universum wirds richten 114
Finger im Spiel 123
Check the box 131

New York 138
Die perfekte Situation 138
Reich ohne Reichtum 149
Kein Kompliment zu klein 159
Friends and Lovers 164

Zürich 170
Das städtische Dorfleben 170
Der verlorene Heimvorteil 176
Der übervolle Terminkalender 183
Schmerz im Herz 188

Epilog 196

Dank 205

Prolog

Ich gehe so schnell wie möglich die Langstrasse entlang, die bekannteste Partymeile Zürichs, nachts ein aufregender, schillernder Ort, tagsüber relativ trist und trostlos, was ziemlich passend für meinen Gemütszustand ist. Die Shorts kleben wegen der Hitze an meinen Beinen, meine verquollenen Augen werden von einer Sonnenbrille verdeckt. Ich weiche einer johlenden Reisegruppe und einem Typ auf einem Fixie-Fahrrad aus. Es riecht nach Alkohol und Urin, süßem Parfüm und billigem Putzmittel. Einen Tag später wird hier meine Geburtstagsparty steigen. Dreißig werde ich. Doppelt so viele Leute sind eingeladen. Aber deshalb bin ich nicht hier. Ich bin auf dem Weg zur Wohnung meines Freundes. Wenn ich sie wieder verlasse, ist es die Wohnung meines Ex-Freundes.

Wenige Monate zuvor wäre das unvorstellbar gewesen. Wir waren berauscht von unserem Zusammensein, redeten über Abenteuer, die wir gemeinsam erleben, und Reisen, die wir unternehmen wollten. Eines Tages jedoch, als hätte der Wind umgeschlagen, ging es rasant bergab. Was zuvor so harmonisch und einfach war, war plötzlich zermürbend und kompliziert. Wir stritten täglich, auf Liebesbeteuerungen folgte vernichtende Kritik, Forderungen wurden gestellt, Versprechungen gebrochen.

Noch nie in meinem Leben hat mich eine Beziehung derart verwirrt. Mein Wunsch, endlich zu begreifen, was los ist, war riesig, die Hoffnung, dass ich verstand, warum plötzlich schlecht ist, was vorher so gut war, wurde hingegen immer kleiner. Ich fühlte mich wie ein Spielball, der von einer Ecke in die nächste gekickt wurde. Die Fähigkeit, eine Situation einzuschätzen, hatte ich irgendwann komplett verloren, mein Urteilsvermögen war ausgehebelt. Als ich mich endlich vom Spielfeld nahm, war ich sieben Kilo unter meinem Normalgewicht, hatte dunkle Augenringe und hervorstehende Wangenknochen.

Ich hätte schon Wochen früher gehen sollen. Aber ich konnte nicht. Ich wollte nicht. Ich neigte schon immer dazu, vor allem das Positive zu sehen, verfüge über einen fast unzerstörbaren Optimismus. Ich glaube an das Gute im Menschen und will nicht schnell aufgeben – was ja nicht per se schlecht ist. Oft erweisen sich diese Eigenschaften sogar als äußerst hilfreich. In destruktiven Beziehungen sind sie jedoch eher kontraproduktiv. Dass ich den Tag vor meinem Dreißigsten für den endgültigen Bruch wählte, hatte nichts mit meinem Geburtstag zu tun. Es war ein kleiner Scherz des Schicksals. Oder bloßer Zufall. An diesem Tag endete ein Telefonat in einem derart vernichtend fiesen Streit, dass sogar ich keinen anderen Ausweg mehr sah, als zu gehen.

Rückblickend war es einer der wichtigsten und absurderweise besten Tage meines Lebens. Nicht, weil er so schön war, aber nach diesem Tag habe ich angefangen, mein Leben umzukrempeln. Ohne die Trennung hätte ich mich bestimmt mehr an den Idealen der Gesellschaft orientiert. Ich hätte mich eher mit einer konventionellen

Lebensweise identifiziert und nach einem herkömmlichen Wertesystem gelebt. Denn auch wenn heute gerne betont wird, wie offen alle sind und wie anders es als früher ist, spürt man ganz genau, was man mit dreißig sein und tun sollte. Besonders für uns Frauen gibt es klare Vorstellungen. Bei jeder Gelegenheit wird man gefragt, ob man bald verheiratet oder schwanger sein wird. Manchmal explizit, manchmal unterschwellig, und das unabhängig davon, ob sich die Fragenden als konservativ oder modern bezeichnen würden. Ist man noch nicht mit der Familienplanung beschäftigt, sollte man wenigstens eine perfekte Karriere hinlegen.

In den Zwanzigern gibt es noch nicht so klare Rollen. Einige studieren, andere arbeiten schon, manche gehen jeden Abend aus oder hangeln sich von Praktikum zu Praktikum und versuchen den richtigen Beruf zu finden. In den Zwanzigern ist alles erlaubt, und alles, was später bereut wird, kann als Jugendsünde entschuldigt werden. Überschreitet man jedoch die »magische Dreißigergrenze«, schnellen die Erwartungen in die Höhe. Die Konventionen greifen, der Druck nimmt zu.

Aus gesellschaftlicher Sicht machte ich folglich alles falsch. Weil mein Ex-Freund und ich überlegten, eine Weile in Berlin oder Lissabon zu leben, wohnte ich vorübergehend bei meiner Schwester. Ich hatte keinen festen Job – und nun war ich auch noch Single. Ich war ein gescheiterter Plan. Ein sozioökonomisches Fehlkonstrukt. Ich hatte gar keine andere Wahl, als eine neue Richtung einzuschlagen. Und das war gut. Wäre das alles nicht passiert, hätte ich die folgenden sechs Jahre nicht so gelebt, wie ich es tat. Ich hätte nicht in fünf anderen Städten gewohnt, hätte nicht meine Arbeitsweise und mein

Lebensmodell hinterfragt. Ich hätte meine Prioritätenliste nicht regelmäßig überprüft, und vor allem hätte ich sicher nicht so viel Zeit damit verbracht, herausfinden zu wollen, was im Leben wirklich zählt.

Paris

Leben in der Schuhschachtel

Drei Monate nach meinem Geburtstag saß ich im Zug Richtung Frankreich. Dass ich mich entschlossen hatte, eine Weile in Paris zu leben, lag nicht daran, dass ich mich besser fühlte. Ich hatte auch nicht das dringende Bedürfnis, in der Stadt zu arbeiten, in der schon viele große Schriftsteller:innen ihre bedeutenden Werke geschaffen haben – Victor Hugo, Simone de Beauvoir, James Joyce, Ernest Hemingway und viele andere verfassten schon ihre Bücher an der Seine.

Der Grund für mein Weggehen war ein anderer. In Zürich fühlte ich mich gefangen. Ich liebe meine Heimat, aber man kann es drehen und wenden, wie man will: Die größte Stadt der Schweiz ist winzig. In Zürich leben gerade mal um die 440 000 Personen. In Zürich ist jede Person maximal zehn Minuten entfernt, und besonders die, die man partout nicht sehen will, gehen immer zur gleichen Zeit wie man selbst einkaufen. Aus Angst vor einem unverhofften Treffen mit meinem Ex hetzte ich mit meinem Fahrrad durch die Straßen und saß nervös in meinen Lieblingscafés. In Paris war die Luft rein, ich konnte aufatmen.

Mein Studio – ein Freund, der mich besuchen kam, nannte es eine möblierte Schuhschachtel – wurde als Schreibatelier ausgeschrieben und war ein altes Ladenlokal an der Rue Ramey in Montmartre. Der Boden bestand aus grauem, kaltem Plastik. Mitten im Raum war ein Etagenbett. Wollte ich schlafen, musste ich in eine Art Höhle kriechen. Für aufregendere Aktivitäten war das Bett absolut ungeeignet, aber an Sex konnte ich ohnehin nicht denken. Die Fensterfront, die dank der Zeiten als Ladenlokal bestand, diente den Leuten, die daran vorbeigingen, als riesiger Spiegel. Alle, wirklich alle, schauten rein oder blieben gar kurz stehen, sie strichen ihre Kleidung glatt, richteten sich die Haare oder zogen ihre Lippen nach. Hie und da drückte sich auch jemand einen Pickel aus, und wenn ich gerade sehr gelangweilt oder übermütig war, trat ich just in diesem Moment vor die Tür und grüßte überschwänglich. Meist war ich dafür aber zu erschöpft. Obwohl ich täglich zehn Stunden schlief, fühlte ich mich nie richtig erholt. Es ging mir, wie es einem nun mal geht nach einer Trennung. An manchen Tagen endlich besser und dann schnell wieder schlechter. Liebeskummer ist ein mieser Trickser. Wenn man glaubt, er sei ein Stück in die Ferne gerückt, kommt er umso heftiger um die Ecke geschossen.

Wenn ich mal nicht in meiner Höhle vor mich hin döste, setzte ich mich vor die große Fensterfront und beobachtete das Geschehen jenseits des Glases. Da waren der Mann mit dem übergewichtigen Hund, der jeweils spätabends vorbeischlurfte, das pelzige Röllchen hinter sich herziehend, und die Besitzerin der Bäckerei auf der anderen Straßenseite, die bestimmt eine Dose Haarspray pro Tag versprühte, sodass ihr kein Windstoß etwas anhaben konnte. Sie rauchte exakt drei Zigaretten pro Stunde, nie mehr, nie weniger. Und vor dem Café schräg gegenüber saßen zu jeder Tageszeit perfekt gestylte Menschen, die immer ewig lange das handgeschriebene Menü auf der Tafel studierten und dann Winzigkeiten auf hellblauen Tellerchen bestellten. Wirklich kennengelernt habe ich niemanden in den ersten Wochen in Paris. An manchen Tagen unterhielt ich mich einzig mit der Haarspray-Bäckerin, bei der ich für ein bisschen Brot mein ganzes Schulfranzösisch zusammenkratzen musste: *Bonjour, ça va? – Oui, ça va. – Une baguette? – Une baguette. – Merci.*

Neben dem Liebeskummer kämpfte ich mit einer mir bisher unbekannten Intensität der Zukunftsangst. Mit der Trennung war zwar zum Glück der emotionale Höllentrip zu Ende, mit ihr waren aber auch meine ganzen Pläne beerdigt worden. Tschüss, Lissabon und Berlin, goodbye, Familienplanung und Paarleben. Dass man sich nach einer Beziehung umorientieren muss, war nichts Neues für mich. Ich musste schon ganze Haushalte aufteilen, wovon ich diesmal weit entfernt war. Aber ich habe in dieser Beziehung so viel Zeit mit Träumen verbracht, ganz nach dem Grundsatz, je schwieriger die Gegenwart, desto schöner gestalte ich mir die Zukunft, dass ich mich wehrte, diese Träume aufzugeben. Ich hatte mir bis ins kleinste Detail ausgemalt, wie mein Leben irgendwann sein könnte. Als ich mich trennte, habe ich diese Vision zwar bewusst zerstört, aber es dauerte eine halbe Ewigkeit, bis ich sie loslassen konnte. Ich musste mich von einem Leben verabschieden, das hätte sein können, wenn denn alles so gekommen wäre, wie ich es mir vorgestellt hatte. Vermutlich wäre es nie so geworden. Das war mir völlig klar, und dennoch konnte ich diese Luftschlösser nicht kampflos aufgeben. Plan A war gestorben, und einen Plan B gab es nicht.

Ich hatte nicht die geringste Ahnung, was ich tun sollte. Ich hatte auch keinen Job, der meine volle Aufmerksamkeit verlangte. Zwei Jahre zuvor hatte ich meine feste Stelle beim Fernsehen an den Nagel gehängt, weil mich ein Schweizer Buchverlag unter Vertrag nahm. Mein erstes Buch war dann auch ein Erfolg, und die logische Konsequenz wäre ein weiteres Buch gewesen, aber kreatives Denken und präzises Schreiben waren während der ersten Wochen in Paris eher nicht zugegen. Was die Situation nicht vereinfachte, war, dass die Gleichaltrigen in meinem Umfeld ganz andere Wünsche und Sorgen hatten als ich. Viele von ihnen sind nach Jahren, die sie mit Studieren und Reisen verbrachten, ins Berufsleben eingestiegen. Sie kämpften um Gehaltserhöhungen, kümmerten sich um ihre Altersvorsorge und zogen mit ihren Partner:innen in neue Wohnungen. Sie lebten komplett andere Leben als ich – was eigentlich nichts Neues war. Anfang und Mitte zwanzig waren alle Single, ich jedoch hatte einen festen Freund – eine durchaus gute Beziehung, gesund und stabil, einfach viel zu früh und mit unterschiedlichen Vorstellungen vom Leben. Meine Freund:innen lebten in Groß-WGs, während ich in einer Altbauwohnung mit besagtem Freund wohnte. Sie feierten die Nächte durch und verschliefen die Vorlesungen, ich radelte frühmorgens ins Fernsehstudio, wo ich sieben Jahre als Reporterin arbeitete.

Dass ich nun weg war, hatte den Vorteil, dass niemand mehr fragte, was ich als Nächstes tun wollte. Alle waren überzeugt, dass ich an einem neuen Buch arbeiten würde. »Ist sicher total inspirierend in Paris«, hörte ich oft. »In den französischen Cafés zu sitzen und zu schreiben, ach, wie romantisch!« In Cafés saß ich tatsächlich oft. Ich verbrachte viele Vormittage im *Pimpin* am Ende der Rue Ramey mit Croissant und Café au Lait und schaute zu, wie die Fensterfront immer mehr beschlug, sodass man irgendwann nicht mehr raussehen konnte. Ich schlenderte mehrmals die Woche zur *Sacré-Cœur*, weiter zum Place du Tertre, wo sich Tourist:innen für viel Geld als Karikatur zeichnen ließen. Ich setzte mich ein paar Straßen weiter für eine Galette in die *Crêperie Brocéliande* oder aß im *La Bossue* ein Stück Quiche. Ich verließ Montmartre selten in den ersten Wochen und spazierte nur manchmal ins benachbarte 19. Arrondissement, wo ich mich für ein Stück Kuchen in mein Lieblingscafé, ins *Le Pavillon des Canaux*, setzte. Ich hatte meinen Laptop zwar immer dabei, wirklich weiter kam ich deshalb aber nicht.

Mir fehlte die Idee für ein neues Buch, und es blieb mir nichts anderes übrig, als mich durch Jobinserate zu klicken. Ich staunte über die vielen Superlative in den Stellenausschreibungen, konnte mich aber für nichts wirklich begeistern. Für viele Stellen fehlte mir auch das nötige

Studium. Ich begann folglich als Texterin für Werbeagenturen zu schreiben. Selbst zu entscheiden, wann ich arbeitete und wann nicht, gefiel mir, die Aufträge waren gut bezahlt, und mir blieb genug Zeit, daneben etwas anderes zu tun. Da ich mit 19 Jahren in den Journalismus einstieg und mit zwanzig schon vor der Kamera stand, hatte ich nie studiert. Ich schloss zwar eine Medienausbildung ab, die ich berufsbegleitend absolvieren konnte, kannte aber Universitäten nur wegen einiger Drehs, die ich darin hatte. Ich meldete mich für ein Philosophiestudium an einer Fernuniversität an und beschäftigte mich die nächste Zeit mit den großen Fragen über Sinn und Sein.

Die Kunst des »Laisser-faire«

Es wurde Winter, und ich hievte meine Bücher über Platon und Aristoteles aus der dunklen Schuhschachtel in eine helle Wohnung im 2. Arrondissement. Die Wohnung lag im dritten Stock und gehörte einer guten Freundin, die sie gerade nicht brauchte. Schon als ich meinen Koffer die schmale Wendeltreppe emporschleppte, wusste ich, dass es nun bergauf gehen würde. Ich begann, täglich zu joggen, was ich früher immer getan habe, aber dann mangels Energie für eine Weile sein ließ. Meine Route führte durch die Rue Sainte-Anne, an den besten asiatischen Restaurants der Stadt vorbei, hinunter zum *Louvre*. Dort überquerte ich den großen Platz mit den zahlreichen Reisegruppen darauf, die mit ihren Fähnchen in der Luft wedelten, und gelangte ans Ufer der Seine, wo ich an besonders guten Tagen bis zum Eiffelturm lief. Wie sehr mir das Joggen fehlte, realisierte ich erst, als ich wieder damit anfing.

Meine Tage begannen sich zu füllen: Ich las, lernte, schrieb und joggte. Für Dates war ich noch nicht bereit. Es gibt Leute, die nach einer Trennung innerhalb kürzester Zeit zurückschwingen und schnell eine neue Beziehung, eine heiße Affäre oder wenigstens ein paar One-Night-Stands haben. Ich gehöre nicht dazu. Ich entliebe mich so langsam wie ein Faultier, das zwei Liter Baldriantee getrunken hat. Aber neue Leute wollte ich dennoch kennenlernen. Sosehr mir das Alleinsein die vergangenen Wochen behagt hatte, so fremd war es mir plötzlich. Zeit mit anderen zu verbringen, war jedoch nicht ganz einfach. Ich kannte exakt zwei Personen in Paris. Eine Schweizerin, die ich Jahre zuvor einmal in New York kennengelernt hatte, und einen französischen Schauspieler, der im Urlaub auf Bali im gleichen Hotel wie ich gewesen ist. Er hatte zwar zu diesem Zeitpunkt wenig Aufträge und eigentlich viel Zeit, aber er war sehr unzuverlässig und vergaß manchmal, dass wir verabredet waren. Die Schweizerin war typisch für eine Schweizerin, pünktlich und verlässlich, aber sie arbeitete für ein großes Modelabel und war deshalb oft »busy«. Ich musste also neue Freund:innen finden, wenn ich nicht allein sein wollte.

In Paris ist es jedoch nicht so, dass man einen Abend in einer Bar verbringt und danach zehn neue Nummern im Handy hat. Pariser:innen haben den Ruf, gerne unter sich zu bleiben. Auch war mein Französisch leider nicht so gut wie mein Englisch, meine Witze deshalb eher flach, und statt wie sonst schlagfertig antwortete ich immer leicht verzögert. Mir blieb nichts anderes übrig, als

»Bumble BFF« eine Chance zu geben. Die gelbe Dating-App hatte seit einem Jahr einen Bereich für platonische Freundschaften. Das Konzept ist das gleiche, man wischt sich durch die Profile anderer Leute, aber im Gegensatz zum Date-Modus entscheidet man sich nicht für potenzielle Sex- oder Love-Interests, sondern für mögliche neue BFFs, *Best Friends Forever*. Ein Ausdruck, den ich per se blöd finde. Auch störte mich die Tatsache, dass ich neue Freund:innen nach ihrem Aussehen und einer Drei-Satz-Biografie beurteilte.

Mein erstes Match war mit Anne. Sie war 36, in Paris geboren und aufgewachsen. Ein Fakt, den ich erst mal überraschend fand: Warum sucht jemand, der sein ganzes Leben hier verbracht hat, online nach neuen Freund:innen? Ich nahm an, dass, wer lebt, wo er geboren wurde, sowieso ein großes Umfeld hatte – was natürlich eine falsche Annahme war. Anne suchte Leute, um neue Restaurants und Bars in Paris auszuprobieren, was mir sehr gelegen kam. Ich hatte bei meinen Spaziergängen schon oft ein grünes Fähnchen auf Google Maps gesteckt, wenn ich an einem Lokal vorbeikam, das mir gefiel, aber erst einen Bruchteil davon wirklich getestet. Die Gastronomie von Paris ist nicht für Alleinreisende gemacht. Bei jedem Restaurantbesuch wird einem klar, dass da jemand fehlt, wenn man sich ohne Gegenüber an einen Tisch setzt. In anderen Städten kann man sich als Einzelperson an die großen Tresen der Restaurants setzen und dem Barkeeper oder der Barkeeperin beim Mixen von Cocktails zuschauen, während man seinen Burger verdrückt, aber Bartresen gibt es in Paris selten, und andere Einzelpersonen essen entweder zu Hause oder auf einer Bank in einem Park. Die Stadt der Liebe zielt, wie könnte es anders sein, auf das klassische Zweierding ab.

Anne hatte sofort Zeit für ein Glas Wein, und wir verabredeten uns im *Le Compas*. Ich würde die folgenden Wochen noch viel Zeit in dieser Brasserie verbringen. Das Essen ist zwar nicht besonders gut – auch nicht besonders schlecht, aber in Paris ist es sehr einfach, fantastisch zu essen, weshalb die Note »Genügend« erwähnenswert ist –, aber wegen der Küche geht man nicht ins *Le Compas*. Man geht wegen der Leute hin, im und vor dem Lokal. Man sitzt so nah beieinander auf den schwarz-weiß karierten Flechtstühlen, dass man jeden Satz, der am Nachbartisch fällt, versteht. Weil sich kein Mensch ins Innere des Restaurants setzt – rauchen darf man schließlich nur draußen, und rauchen tun in Paris praktisch alle –, sitzt man zusammengequetscht unter dem Vordach. Bein an Bein, null Bewegungsfreiheit, aber wohlig warm. Hat man einen Platz in den vorderen Reihen, hat man den besten Blick auf die Rue Montorgueil. Die Straße ist so etwas wie der geheime Laufsteg der Stadt. Die Schickeria bewegt sich näher an der Seine, sitzt mit Sonnenbrille und Riesenhut in Saint-Germain oder flaniert durch die Gassen von Marais, aber die Jungen und Coolen aus Kunst und Kultur sind hier.

Anne war schon da, als ich kam. Sie saß vor einem Glas Rotwein und rauchte eine Zigarette. Sie sieht aus wie auf den Fotos, dachte ich und erschrak sogleich über diesen Gedanken. Ist doch völlig egal, wie sie aussieht! Wir sind ja nicht auf einem Date, wir müssen uns verstehen und nicht attraktiv finden. Aber genau wie bei einem Date referierten wir unsere jeweiligen Lebensläufe: Anne arbeitete Teilzeit in einem Bio-Laden und hatte zwei Kinder im Alter von sechs und acht Jahren. Sie war seit zwei Jahren getrennt und brauchte ein neues Umfeld: »Wir gingen immer als Paar irgendwohin und wurden nur zu zweit eingeladen. Mit der Trennung sind die Einladungen verschwunden.« Viel Zeit, auszugehen, hatte sie aber nicht. Die Kinder waren nur jedes zweite Wochenende beim Vater, alle anderen Tage musste sie nach ihnen schauen. Ich erfuhr ziemlich detailliert, warum sie sich getrennt hatte (eine andere Frau war im Spiel, und es endete irgendwann im großen Streit) und wie schwierig die Situation mit der neuen Freundin ihres Ex-Mannes war.

Wir bestellten eine Portion *Pommes allumettes* und ein weiteres Glas Rotwein, und obwohl ich unser Zusammensein wegen der ausführlichen Trennungsgeschichte etwas zehrend fand, ging ich beschwingt nach Hause. Ich hatte jemand Neues kennengelernt!

Ich habe Anne noch ein paarmal gesehen – aber, das kann ich vorwegnehmen, *Best Friends Forever* wurden wir nie. Und trotzdem bin ich froh über dieses erste Treffen mit ihr. Denn wäre es eine merkwürdige Erfahrung gewesen, hätte ich die App vielleicht gleich wieder deinstalliert. Ich hatte insgesamt vier solcher erster »BFF-Dates« in Paris. Das zweite war mit einer Kunststudentin, die in der *Banlieue* lebte. Wir trafen uns auf halber Strecke, was für beide eine kleine Weltreise bedeutete. Es blieb bei einer Verabredung, obwohl wir uns eigentlich verstanden haben, aber wohl nicht so gut, dass wir uns die Mühe gemacht hätten, danach ein zweites Treffen zu organisieren. Ich verabredete mich auch mit einem der wenigen Männer, die in der platonischen Ecke wischten, und musste meiner Vermutung recht geben: Ganz so platonisch waren seine Absichten nicht.

Beim vierten dieser Treffen lernte ich Laura kennen. Laura war durch und durch Pariserin. Sie hatte eine tiefe, schöne Stimme – wie viele Frauen der Stadt, die seit Teenagerzeiten ein ganzes Päckchen Zigaretten am Tag rauchten –, Stirnfransen bis fast über die Augen, diesen legeren Kleidungsstil, der immer elegant und perfekt aussieht, aber nie prätentiös wirkt, ein lautes Lachen und keinen französischen Akzent, wenn sie Englisch sprach. Noch ein Jahr zuvor hatte sie in New York gelebt und dort als erfolgreiche Designerin gearbeitet. Sie kam zurück, weil ihr Vater schwer erkrankte und sie sich scheiden ließ. Mit ihrem Ex-Mann, ebenfalls Franzose, war sie zwölf Jahre zuvor ausgewandert. Ihre erste große Liebe, die sich irgendwann allerdings mehr wie eine Freundschaft anfühlte. Laura war fünf Jahre älter, sah aber fünf Jahre jünger aus als ich. Es regnete in Strömen, als wir das erste Mal verabredet waren. Wir rückten mit unseren Stühlen möglichst nah unters Vordach eines Cafés und tranken mehrere Tassen heißen Tee.

Der Unterschied von solchen »BFF-Treffen« zu »normalen« Dates ist minimal. Auch bei platonischen Freundschaften muss die Chemie stimmen, der Humor passen und die Einstellung zu Welt und Leben mehr oder weniger kompatibel sein. Im Gegensatz zu »richtigen« Dates braucht es weder körperliche Anziehung noch ähnliche Zukunftsvisionen, aber auch bei Freundschaften gibt es diesen Rausch, dieses Kribbeln am Anfang. Ich habe es bei all meinen Freund:innen so erlebt, ganz egal, wo und wann ich sie kennengelernt habe. Dass ich anfangs so zögerlich war, was Bumble BFF anging, kann ich heute nicht mehr nachvollziehen. Denn die Kennenlerngeschichte ist egal. Hauptsache, man lernt sich kennen. Viele meiner Freund:innen haben ihre Partner:innen schließlich auch auf Dating-Apps kennengelernt. Als diese gerade erst lanciert wurden, haben alle noch genuschelt, wenn man sie fragte, wo und wie sie sich denn kennengelernt hatten. Irgendwann, als sie in der Mehrzahl waren, haben sie nur noch die effektive Plattform erwähnt: Bumble, Tinder, Hinge, OkCupid, Raya und wie sie alle heißen. Natürlich ist es die bessere Geschichte, wenn man gleichzeitig eine Katze aus einem brennenden Haus rettet und sich dann mit Ruß im Gesicht gegenübersteht, völlig perplex, dass man in so einer verrückten Situation auch gleich noch die Liebe des Lebens trifft. Aber die Beziehung danach kann genauso gut oder eben schlecht sein, wie wenn man sich über eine App das erste Mal gesehen hat. Ich habe meine Meinung diesbezüglich geändert, auch wenn ich nichts lieber höre als eine wahre, kitschige Kennenlerngeschichte. Laura war der beste Beweis, dass das Zueinanderfinden in Freundschaften komplett unwichtig für das Zusammensein ist. Oder dafür, dass es genauso schicksalhaft oder dann eben ein verrückter Zufall ist, dass man bei all den Menschen, die man über diese Apps kennenlernen könnte, jemanden findet, mit dem man so gern Zeit verbringt.

Laura und ich trafen uns schnell sehr oft. Wir spazierten an der Seine entlang, diskutierten über Dokumentarfilme, die wir gesehen hatten, und über spirituelle Bücher, die wir gelesen hatten – und bei denen wir nie der gleichen Meinung waren. Ich bezeichnete das meiste als Humbug, Laura zwang mich, der Lektüre eine zweite Chance zu geben, ich hätte nur den tieferen Sinn nicht begriffen. Wir saßen stundenlang in Cafés, ich eine *Noisette* oder ein Glas Rotwein trinkend (Laura mag weder Kaffee noch Alkohol) und sie rauchend (was ich wiederum nie tat).

Bei einem unserer Treffen sagte mir Laura, dass ich unbedingt ihre Freundin Nadine kennenlernen müsse. »Ihr werdet euch super verstehen!«, versicherte sie und sollte recht behalten. Auch Nadine lebte bis vor einem Jahr in den USA, jedoch nicht in New York, sondern in Los Angeles, wo sie für verschiedene große Filmproduktionsfirmen arbeitete. Nadine kam nach zehn Jahren im Ausland zurück, weil ihr Verlobter plötzlich nicht mehr sagen konnte, ob er sie heiraten wollte. Nadine war ein ganz anderer Typ Mensch als Laura. Sie teilte gern eine Flasche Wein mit mir und stand der esoterischen Welt nicht nur skeptisch gegenüber, sondern war ihr komplett abgeneigt. Und während Laura über sich sagte, ein Schussel zu sein, wusste man bei Nadine sofort, dass sie eine dieser Frauen war, die alles im Griff hatten.

Mein Französisch wurde dank meiner neuen Freundinnen kein bisschen besser, wir redeten schließlich nur Englisch miteinander, dafür besserte sich meine Stimmung stetig und war kein Vergleich zur ersten Zeit in der Stadt. Es war gut, dieses Leben in Paris – unaufgeregt und leicht. Ich war oft unterwegs, lernte aber auch viel über das sogenannte Laisser-faire. Das Geschehenlassen. Das süße Nichtstun. Das Zusammensitzen und Genießen. An den Wochenenden gingen wir in ein Museum, das *Palais de Tokyo* und die *Bourse de Commerce* konnte ich immer wieder besuchen, während ich die Faszination für die Mona Lisa im *Louvre* nie verstand. Ich saß viele Stunden lesend auf einer Bank im *Jardin du Palais Royal* und holte auf dem Heimweg ein paar Sushi-Rollen im K-Mart an der Rue Sainte-Anne. So manche Nacht verbrachte ich tanzend-schwitzend im winzigen und immer rappelvollen *Café Chéri* und schleppte mich am nächsten Morgen gern ins beste Brunch-Lokal der Stadt, das *Sunday In Soho*, das ich wohl vor allem so gut fand, weil es nur fünf Minuten von meiner Wohnung entfernt lag. Wenn mich Freund:innen aus der Schweiz besuchen kamen, was in Paris oft vorkam, weil Zürich nur vier Zugstunden entfernt liegt, konnte ich ihnen die beste Aussicht auf die Stadt – das *Belvédère de Belleville* – zeigen und sie durch den *Cimetière du Père-Lachaise* zum Grab von Jim Morrison führen. Ich wusste, welche Bäckerei das beste Baguette hat – *Le Pain Retrouvé* an der Rue des Martyrs – und um welche Uhrzeit man ins traditionelle Restaurant *Bouillon Chartier* muss, wenn man nicht lange anstehen will: um 17:45 Uhr.

Just in dem Moment, als ich mich so richtig wohlfühlte und dachte, meine Vergangenheit hinter mir gelassen zu haben, meldete sich mein Ex-Freund. Er sei drei Tage in Paris, schrieb er und fragte, ob wir uns treffen wollten. Ich fühlte mich, als sei mein Versteck aufgeflogen. Als wäre ich in meinem Revier bedroht. Natürlich war mir immer klar gewesen, dass ich mit einem Ortswechsel nicht meine Vergangenheit zurückgelassen hatte. Wir Menschen können uns leider nicht wie eine Schlange häuten und als neuere, glattere Version weitermachen. Aber in Paris fühlte ich mich sicher und frei.

Ich würde gern behaupten können, dass ich einfach geantwortet habe, dass ich ein Treffen für keine gute Idee hielt. Tatsache ist jedoch, dass ich haderte und dass es viel Zuspruchs von Laura und Nadine, aber auch von meinen Freund:innen in der Schweiz bedurfte, dass ich nicht schwach wurde. Ich tippte erst nach ein paar Tagen irgendwas von »gerade schrecklich viel zu tun« in mein Handy. Diese drei Tage waren nicht meine besten in Paris. Ich fühlte mich genau wie in Zürich und war überzeugt, dass ich beim Joggen in meinen Ex-Freund laufen würde. Dass er im gleichen Lokal wie ich einen Kaffee trinkt. Oder wir in einer Metrostation ineinanderprallen. Aber nichts dergleichen passierte. Ich ließ es auch nicht wirklich darauf ankommen und blieb überwiegend zu Hause.

Als die Luft wieder »rein« war und Paris wieder »mir gehörte«, ging ich mit Laura und Nadine ins Restaurant des *Hôtel Amour* in der Nähe von Pigalle. Auf dem Tisch standen Teller mit Tartar und Toast, eine Flasche Bordeaux für Nadine und mich und ein Aschenbecher für Laura. Wir redeten über die Wirrungen und Irrungen des Lebens, waren wir doch alle in Paris gelandet, weil das Leben nicht nach Plan verlief. Wir hatten nicht vorgehabt, in Paris zu sein. Wir waren hier, weil Plan A gescheitert war. Laura wollte New York eigentlich nicht verlassen, und Nadine wäre zu diesem Zeitpunkt in den Flitterwochen gewesen. Stattdessen traf sie aktuell drei Männer gleichzeitig: einen für Kunst und Kultur, einen für Sex und einen, der sie »intellektuell herausforderte«. Unsere Leben waren nicht so gelaufen, wie wir uns das vorgestellt hatten. Sie waren anders. Und das war gut.

Nach dem Abendessen lief ich nach Hause. Ich hörte französische Chansons. Es roch nach frischem Brot und Lavendel, vor jedem Lokal saßen Leute unter den Wärmelampen, rauchten und redeten. Es war kühl, aber nicht eisig kalt. Ich war in einer fremden Stadt, die mir nicht mehr fremd war. Ich wusste, ohne auf eine Karte zu schauen, wie ich am schnellsten nach Hause kam. Und ich hatte Freund:innen, mit denen ich meinen Alltag teilen konnte. Ich war überwältigt von dem Gefühl, das mich überkam. Ich war dankbar und glücklich, wie alles gekommen war. Mein Leben fühlte sich gut und richtig an. Es war nicht, wie ich es geplant hatte, aber ich hätte es mir besser nicht ausdenken können.

Wer ans Schicksal glaubt, würde jetzt sagen: »Ist doch klar. Es musste so kommen.« Ich glaube aber nicht, dass Dinge vorbestimmt sind. Ich glaube auch nicht, dass mir das Universum Bälle zuspielt und mich in Richtungen schubst, als wäre ich in einer kleinen Truman Show und die Menschen in meinem Leben die Statist:innen meiner Realität. Es wäre eine schöne Vorstellung, aber irgendwie bezweifle ich, dass sich das Universum um uns schert. Das klingt für einige vielleicht nüchtern, fast bitter, aber ich empfinde es genau umgekehrt: Ich fühle mich leicht beim Gedanken an meine eigene Unwichtigkeit und Machtlosigkeit. Ich kann nicht alles beeinflussen. Es passieren Dinge, die schrecklich wehtun, und ich entscheide, wie ich damit umgehe, aber ich bin nicht (immer) dafür verantwortlich, dass sie passieren, und das ist gut so. Woran ich jedoch glaube, ist der Zauber der Zufälle. Ich bin oft beeindruckt, wie die Aneinanderreihung von vermeintlich unbedeutenden Zufällen große Ereignisse hervorbringt. Wenn etwas Lebensveränderndes geschieht, ist das oft, weil davor ganz viel scheinbar Unwichtiges passiert ist. Ich hatte nicht vor, nach Paris zu gehen und eine Weile in der Stadt zu leben. Natürlich war es ich, die entschied, dass ich hinfahren sollte. Ich musste ja ein Ticket kaufen und eine Wohnung suchen, ich bin nicht Alice-im-Wunderland-mäßig plötzlich hier gelandet. Aber ich hatte Paris nicht bewusst geplant. Vielmehr war es die Konsequenz des Scheiterns eines anderen Planes.

Was jedoch kein Zufall war, war die Motivation dahinter. Der Grund, weshalb ich nach Paris und später nach Berlin, Mexiko City, Buenos Aires und New York ging, war immer derselbe: Ich will meine Zeit so nutzen, dass ich später nie bereuen werde, sie nicht richtig genutzt zu haben. Dass ich so denke und danach lebe, hat viel mit meiner Kindheit zu tun. Mit meiner Prägung und Erziehung. Und mit meiner Mutter, die mit 25 einen Mann namens Rolf kennenlernte.

Das wertvollste Gut

Wir schreiben das Jahr 1973. Ich bin noch lange nicht auf der Welt. Meine Mutter beginnt in einem Schulhaus fünfzehn Autominuten außerhalb von Zürich zu arbeiten. Sie unterrichtet eine vierte Klasse, im Schulzimmer daneben ist ebenfalls eine vierte Klasse, deren Lehrer Rolf heißt.

Meine Mutter versteckte immer Bonbons in der Jacke ihres Lehrerkollegen, was jetzt kein Trick ist, den man nachmachen muss, denn Rolf wusste nie, von wem er die Süßigkeiten zugesteckt bekam. Irgendwie hat meine Mutter dennoch Eindruck gemacht, und eines Tages stand er unangekündigt vor ihrer Haustür in Zürich und klingelte. Das war alles lange bevor es WhatsApp und E-Mails gab. Wollte man sich kennenlernen, musste man zur Tat schreiten – und nicht zum Handy greifen. Meine Mutter verliebte sich, Rolf verliebte sich, und ein paar angekündigte und unangekündigte Besuche später stellte meine Mutter eine Frage, die sie irgendwo in einem Magazin gelesen und für schlau befunden hatte. »Was ist das Wertvollste, das du mir geben kannst?«, wollte sie wissen und Rolf dachte nach. Im Gegensatz zu meiner Mutter war Rolf ein ruhiger, besonnener Typ. Er redete nicht, ohne zu überlegen. Das Wertvollste, das er ihr bieten könne, sei seine Zeit, sagte er nach einer Weile, und meine Mutter war mäßig beeindruckt von seiner Antwort. Zeit? Einfach Zeit? Mit welchem Inhalt? Wo bleibt die Romantik? Die große Liebesbeteuerung in vier Akten? Und dennoch, noch ohne wirklich den Wert dieser Antwort zu erkennen, beschloss meine Mutter, dieser Liebe eine Chance zu geben. Sie und Rolf wurden ein Paar und blieben ein Paar. Rolf ist mein Vater.

Mein Vater hielt Wort. Er nahm sich Zeit. Für meine Mutter, später für meine ältere Schwester und mich. Meine Eltern arbeiteten beide nur noch fünfzig Prozent in der Schule, als wir auf der Welt waren. Montag bis Mittwoch war meine Mutter zu Hause, Donnerstag und Freitag schaute mein Vater nach uns. Montag war der Tag des großen Einkaufes, meine Mutter hetzte vom Supermarkt zur Bäckerei zum Bauernhof. Am Donnerstag war Waschtag, und mein Vater marschierte mit dem Wäschekorb die Treppen des Mehrfamilienhauses, in dem wir im obersten Stockwerk wohnten, rauf und runter. Dass nicht in allen Familien die Väter für die Wäsche zuständig waren, wusste ich lange nicht. Ich bin mit dem Verständnis aufgewachsen, dass nichts »typisch Frau« oder »typisch Mann« ist. Natürlich wurde ich früh genug mit der weniger rosigen Realität der herkömmlichen Geschlechterrollen konfrontiert, aber in meiner Kindheit, so wage ich zu behaupten, lief in Sachen Emanzipation vieles richtig. Für uns Kinder war das Lebensmodell meiner Eltern die beste aller Varianten. Beide waren zu Hause. Beide hatten viel Zeit für uns. Wir hatten nicht so viel Geld wie andere Familien, aber verzichten mussten wir auf nichts.

Die Ideologie meiner Eltern beruht auf der Antwort meines Vaters: Zeit ist das höchste Gut. Nichts ist so kostbar, wie Zeit zu haben. Nichts so wertvoll, wie Zeit zu schenken. Dies zu leben, bedeutete für meine Eltern, sich bewusst gegen die vorgelebten Muster und Ideale zu entscheiden. Wieso sie das für sich erkannt haben und wie sie es geschafft haben, sich dem gesellschaftlichen Druck zu widersetzen, weiß ich nicht so genau. Denn in der westlichen Gesellschaft herrscht ein anderes Weltbild, damals wie heute. Es wird suggeriert, dass man dazugehört, sich verbunden fühlt, geliebt und wertgeschätzt wird, wenn man viel Geld erwirtschaftet, beruflich viel erreicht und einen möglichst hohen Status hat. Meine Eltern hatten ein anderes Wertesystem. Zeit füreinander haben, sich zuhören, mitfiebern, füreinander da sein und auch mal nichts tun, das wurde mir vorgelebt und gelehrt. Was ich lange nicht wusste: Dieses »Anderssein« war nicht immer einfach für sie. Nicht alle hatten Verständnis für diesen außergewöhnlichen Lebensentwurf. Nicht Vollzeit arbeiten? Teilzeit-Hausmann sein? Das kannte man nicht.

Die Mutter meiner Mutter war beispielsweise ganz und gar nicht angetan von einem Mann, der statt Karriere die Wäsche macht. Was meine Großmutter zusätzlich störte: Dieser Mann war noch nicht einmal der Ehemann ihrer Tochter. Grund dafür war das Schweizer Eherecht. Bis 1988 durfte eine Ehefrau kein eigenes Konto eröffnen und nur mit der Einwilligung ihres Mannes einer Erwerbsarbeit nachgehen. Der Familienname war immer der Name des Mannes. Dieser durfte zudem entscheiden, wo die Familie lebt, und wenn es zur Scheidung kam, erhielt er zwei und die Frau nur ein Drittel der gesamten ehelichen Ersparnisse. Meine Eltern fanden diese Gesetzeslage altmodisch und sexistisch und entschieden sich gegen eine Hochzeit. Weil meine Eltern bei meiner Geburt und auch der meiner Schwester nicht verheiratet waren, heiße ich wie meine Mutter: Eisenring. Als ich dreizehn Jahre alt und das Ehegesetz längst revidiert war, heirateten sie dann doch noch. Beim Familiennamen entschied man sich für: »Eisenring«. Groß diskutiert haben wir das zu Hause nicht. Es schien allen nur logisch, schließlich hießen drei Viertel der Familie schon so.

Fast exakt ein Jahr nach der Hochzeit meiner Eltern änderte sich mein Leben radikal. Ich war gerade vierzehn geworden, es war Montagabend, die erste Woche der Sommerferien. Meine Schwester war in einem Zeltlager in Schweden, ich war dafür noch zu jung und saß stattdessen vor dem Computer. Es war das Jahr 2001, das Zeitalter der Chatrooms hatte begonnen. Für alle, die damit nichts anfangen können: Chatrooms waren eine Art Tinder ohne Fotos, dafür mit originellen Namen wie »Sommersprossenblume_87«. Statt mit einem Selfie versuchte man mit einer Beschreibung seiner selbst auf sich aufmerksam zu machen: Grüne Augen, rote Haare, sportlich, lustig, Lieblingsfarbe Blau. Heute erscheinen mir diese Chatrooms total abstrus, aber ähnlich werde ich in zwanzig Jahren wohl auch über Dating-Apps denken. Jedenfalls war ich mitten in einer Konversation mit »Schlumpf15«, als mein Vater von mir verlangte, den Computer auszuschalten. Es war schon spät, fand er, und ich saß schon zu lange vor dem Bildschirm.

»Noch zehn Minuten!«, bettelte ich, und mein Vater gab mürrisch nach. Er gehe Zähne putzen, wenn er zurückkäme, müsse ich ausschalten.

Mein Vater kam nie zurück. Er brach im Badezimmer zusammen, hatte einen Herzinfarkt, binnen fünf Minuten war er tot. Die nächsten Wochen, Monate und Jahre waren hart. Ich habe gelitten wie… Es gibt kein Wort für den Schmerz, den man empfindet, wenn man so jung erleben muss, wie ein Elternteil stirbt. Was mich etwas tröstete: Mein Vater war da, als er da war. Er war so richtig da. Er war da, um mir Geschichten vorzulesen. Um mich zu verarzten, wenn ich mir das Knie aufschürfte. Er war auch da, um mir die Leviten zu lesen, wenn ich zu spät nach Hause kam. Er hat sich bewusst entschieden, da zu sein. Er schenkte mir in den ersten vierzehn Jahren meines Lebens viel seiner Zeit. Nach seinem Tod fehlte er – immer und überall.

Heute ist das anders. Ich bin seit so vielen Jahren Halbwaise, ich habe mehr Zeit ohne ihn als mit ihm verbracht, ich habe mich längst an ein Leben ohne Vater gewöhnt. Und ich habe aus seinem Tod gelernt. Denn obwohl alle wissen, dass sie irgendwann sterben werden, leben viele so, als wären sie unsterblich. Nicht, was Risiken, sondern was das Aufschieben oder Vernachlässigen von Dingen betrifft, die ihnen eigentlich wichtig sind.

Ich will den frühen Verlust eines Elternteils keinesfalls schönreden, und dennoch bin ich dankbar für die Lektion, die ich durch den frühen Tod meines Vaters gelernt habe: *Du hast nicht ewig Zeit auf der Welt, also überlege dir gut, wofür du sie hergibst.*

Hätten mir meine Eltern nicht vorgelebt, dass es möglich ist, *anders* zu sein und es anders zu machen, hätte ich mich vermutlich nicht getraut, nach *meiner Lösung* zu suchen. Als ich mit sechsundzwanzig beschloss, nur noch Teilzeit zu arbeiten, fanden das viele merkwürdig. Ich war ja jung, ich hatte Zeit zu arbeiten. Als ich mit achtundzwanzig meinen guten Job beim Fernsehen für die unsichere Existenz als Autorin aufgab, schüttelten abermals alle den Kopf. Wenn ich gefragt wurde, was meine Ziele seien, zuckte ich immer mit den Schultern. »Wo willst du in zehn Jahren stehen?«, wurde sich oft erkundigt. Ich wusste es nicht. Wie konnte ich wissen, wofür ich in zehn Jahren meine Zeit hergeben wollte? Was meine Prioritäten waren? Was und wer das Wertvollste bekam, das ich habe?

Eine Sache, die sich in den Jahren nach meinem dreißigsten Geburtstag weit oben auf der Prioritätenliste hielt, zeigte sich in Paris. In Paris entwickelte ich den Wunsch, meine Zeit und Energie in das Erleben neuer Orte zu stecken. Noch einmal bei null anfangen. Einen Freundeskreis suchen und einen Alltag schaffen. Ein neues Leben aufbauen. Das wollte ich wieder tun. Ich liebte es, eine fremde Stadt zu meinem Zuhause machen.

Nicht alle haben das Bedürfnis, den Wohnort zu wechseln. Was das Leben in Paris und in den folgenden Städten für mich war, ist für jemand anderen vielleicht ein neuer Job, das Reduzieren oder Steigern des Arbeitspensums, ein anderes Hobby oder eine Ausbildung. Es ist das Abweichen des vorgespurten Weges, das Ändern der ursprünglichen Route.

Paris war, ohne dass ich es wusste, der perfekte Beginn von meinem Plan B. Dass es manchmal besser ist, wenn Plan A nicht funktioniert, merkt man ja erst im Nachhinein. Ich wollte beispielsweise nach dem Abitur Ernährungswissenschaften studieren, habe aber den Anmeldetermin verpasst und bin so als Praktikantin bei einer Zeitung gelandet. Es war mein Start in den Journalismus, woraus später meine Karriere als Autorin wurde. Weil eine große Reportage nicht zustande kam, begleitete ich meine Schwester auf einem Roadtrip durch Island, was eine meiner besten Reisen war. Und meinen allerersten Freund, mit dem ich viele Jahre zusammen war, habe ich nur angesprochen, weil mir der Typ, den ich eigentlich begehrte, die kalte Schulter zeigte. Sich im Vornherein für Plan B zu entscheiden ist natürlich unmöglich. Sonst wäre es ja Plan A und nicht B. Und vielleicht ist »Plan B« auch die falsche Bezeichnung. Denn die Schönheit an Plan B ist ja eben, dass es *kein* Plan ist.

Un P'tit Amour

Paris, das merkt man schnell, wenn man in der Stadt lebt, liebt das Schöne, das Schicke, das Elegante. Würde man Pariser:innen in Berlin aussetzen, wo alle in schwarzen Klamotten unterwegs sind, hätten sie womöglich eine Krise. Auch Trainingsklamotten sind ein No-Go. Während man in New York ganze Tage in Jogginghosen verbringen kann und damit für (fast) jede Situation adäquat gekleidet ist, sind Sweatpants in Paris absolut verpönt. Nirgendwo habe ich so viele Mütter in Stilettos gesehen wie in Montmartre, wo die meisten Straßen gepflastert sind. Es ist aber nicht nur der Schein, der schön sein muss. Das Sein muss ebenfalls stimmen. In Paris wird schon zum Mittagessen eine Flasche Chardonnay bestellt. Und während in vielen Ländern großflächig Rauchverbot gilt, wird hier munter weitergepafft. Wer sich vegan ernähren will, hat schlechte Karten, das Wort »Glutenunverträglichkeit« existiert auf Französisch vermutlich nicht, und bei »Low Carb« runzeln alle die Stirn. Pariser:innen wollen ihr Leben genießen. Auf Verzicht verzichten sie.

Nun klingt das zugegeben etwas ungesund. Die stetige Qualmerei, der viele Wein und die Kohlenhydrate im Weißbrot, das ist ja alles schön für den Moment, langfristig aber ziemlich schlecht. Ich will hier keinesfalls Werbung für den Konsum von Nikotin oder Alkohol machen, und dennoch bin ich überzeugt, dass die Leute in Frankreich zwei Dinge priorisieren, die fürs Leben so wichtig sind, im hektischen Alltag aber gerne vergessen werden: den Genuss und das Zusammensein. Alle lieben Gesellschaft, haben eine Clique, eine kleine Community, die sie hegen und pflegen. Freundschaften haben einen hohen Stellenwert, Überstunden sind verpönt, denn zur Apérozeit will man in einer Bar sitzen und quatschen. Ich finde, wir sollten uns davon eine Scheibe abschneiden, schließlich sind zwischenmenschliche Beziehungen lebenswichtig und Einsamkeit tödlich. Was in Paris natürlich ebenfalls einen hohen Stellenwert genießt, ist die Liebe. Nicht nur bei all den Tourist:innen, die auf dem Eiffelturm auf die Knie sinken, sondern auch bei den Einheimischen. Alle kennen sich aus in Sachen »Amour«, und ebenfalls alle sind überzeugt, die besten Liebhaber:innen der Welt zu sein.

Ich war mit Unterbrechungen schon ein paar Monate in der Stadt, als ich endlich bereit war: Nicht für die große Liebe, dafür war es noch zu früh, aber für eine »p'tit amour«. Eine Romanze. Ein paar vereinzelte Schmetterlinge. Ein Hauch von Kribbeln. Ich wollte vor der Sacré-Cœur knutschen, Arm in Arm durch Belleville spazieren und in all den kleinen Bistros Unmengen Rotwein trinken. Nun… Paris sollte mich nicht enttäuschen. Also, doch, vielleicht schon. Tatsache ist: Die nächsten Wochen meines Lebens hätte man in einem Schwarz-Weiß-Film zeigen und mit Chansons von Serge Gainsbourg unterlegen können.

Alles begann im *Le Comptoir Général*, einem großen Lokal, das hinter einer unscheinbaren Tür am Ufer des Canal Saint-Martin liegt. Tagsüber werden in den verschiedenen Räumen Fischgerichte serviert, abends kriegt man bunte und leider etwas zu süße Cocktails. Wir waren zu dritt dort, Nadine, ich und Lilo, eine Freundin von uns, die wir alle mochten, die aber ein solch chaotisches

Leben hatte, dass wir sie nur selten sahen. Lilo war genau so, wie ich mir eine französische Künstlerin vorstellte. Sie rauchte ihre erste Zigarette gleich nach dem Aufwachen noch im Bett – ich wusste dies, weil ich einmal bei ihr übernachtete, als wir bei ihr feierten und ich zu müde war, um heimzugehen –, sie ernährte sich ausschließlich von Baguette und Croissants, war aber dennoch gertenschlank, und sie trug zu jeder Tageszeit roten Lippenstift. Wie sie Geld verdiente, verstand niemand so wirklich. Sie war immer mit Projekten und Nebenjobs beschäftigt, aber konstant pleite. Lilo hatte immer mindestens drei Affären gleichzeitig und musste sich regelmäßig hastig verabschieden und losrennen, weil einer der Typen wie verabredet vor ihrer Haustür stand, was sie jedoch längst vergessen hatte.

Wir bestellten unsere Drinks und schoben uns durch die Menschenmassen des *Comptoir Général*, als uns Lilo bat, kurz zu warten. Sie ging zur Bar und kam mit Stift und Papier zurück.

»Ich schreibe meine Nummer und meinen Namen auf und gebe dem Barkeeper später den Zettel zurück«, erklärte sie.

Auf meine Frage, warum sie den Zettel nicht gleich zurückgebe, meinte sie: »Es ist wichtig, zwischen dem Erhalten von Papier und Stift und dem Zurückgeben etwas Zeit verstreichen zu lassen.«

Warum Zeit verstreichen musste, konnte Lilo nicht genau sagen. Sie hätte einfach mehr Erfolg, wenn sie es so machen würde. Vielleicht, weil die Typen dann nicht mehr daran denken, dass sie ihr Zettel und Stift gegeben haben, überlegte sie laut. Lilo war das Gegenteil von schüchtern. Sie sprach Männer in der Metro an, oder wenn sich ihre Wege auf der Straße kreuzten. Ich war beeindruckt von ihrem Mut. Ich bin keine schüchterne Person, und doch hätte ich nie einen Mann auf der Straße nach seiner Nummer gefragt. Es kommt mir gar nicht in den Sinn. Mein Hirn registriert »attraktiver Typ«, und damit ist die Sache erledigt.

Ein paar Tage später saß ich in einem der wenigen Lokale in Paris, die einen Bartresen hatten und deshalb für jemanden, der allein etwas essen wollte, perfekt geeignet waren. Ich bestellte *Moules et Frites*, las in einem Roman und grinste den Kellner an, wenn er beim Tresen die Getränke holte und zu den Tischen trug. Er hatte seine braunroten Haare zu einem Knoten gebunden, beide Arme voller Tattoos und sah, wie ich fand, überdurchschnittlich gut aus. Ich fragte ihn also nach Zettel und Stift, schrieb Nummer und Namen darauf, wartete ein paar Minuten, und... Das tat ich natürlich nicht. Aber ich habe ihn nach dem Instagram-Konto des Restaurants gefragt, damit ich ein Foto in meiner Story markieren konnte. Nicht ganz so mutig und elegant wie Lilos Zettel-Taktik, ich weiß, aber: Es hat ebenfalls funktioniert! Meine Story wurde am nächsten Tag vom Lokal geteilt, und jemand bedankte sich für meinen Besuch. Dieser Jemand war der Kellner, der sich als einer der beiden Besitzer des Restaurants herausstellte. Er schrieb weiter, dass er immer zwischen 15 und 19 Uhr freihatte, sogenannte Zimmerstunde, und dass er mir in dieser Pause den, wie er sagte, schönsten Park der Stadt zeigen wollte.

Wir trafen uns drei Tage später vor dem *Hôtel de Ville*, dem Pariser Rathaus. Er stand mit zwei Motorrad-Helmen mitten auf dem Platz und wartete. Als er mich sah, umarmte er mich, als würden wir uns schon lange kennen. Wir fuhren auf seiner Vespa zum *Parc des Buttes-Chaumont*, der so heiße, weil es der Hintern der Stadt sei, spazierten durch die hügelige Landschaft und setzten uns in ein winziges Bistro, wo es verschiedene Käse und Rotwein gab. Er kannte natürlich die Restaurantbesitzerin – er hatte schließlich sein ganzes Leben in Paris und die letzten Jahre in der Gastroszene verbracht – und stellte mich als seinen Besuch aus der Schweiz vor. Wir unterhielten uns in einem eigenartigen Englisch-Französisch-Mix, und auch wenn ich fand, dass er viel zu viel redete, war unser Zusammensein doch in etwa das, was ich mir wünschte. Bevor er zurück ins Restaurant musste, küsste er mich vor dem Geburtshaus von Edith Piaf an der Rue de Belleville. Er fuhr mich nach Hause und begann seine Abendschicht. Solche Nachmittage wiederholten wir ein paarmal, und wenn er nicht lange arbeiten musste, fuhr er in der Nacht zu mir, ich lehnte mich aus meinem französischen Balkon – ein bodentiefes Fenster mit einem Geländer – und warf den Schlüssel zu meiner Wohnung hinunter.

Wäre das nun eine Romantic Comedy aus dem Hause Hollywood, wäre die Geschichte hier zu Ende. Aber wir sind nun mal in Frankreich, wo die Filme alle irgendwie tragisch enden. Das heißt, für die große Tragik fehlten bei uns die großen Gefühle. Ich hatte keine Schmetterlinge im Bauch, ich fühlte mich eher wie eine wohlige, fette Raupe – was bei unserem Wein-, Käse- und Baguette-Konsum wenig überrascht. Ich war eingelullt in eine Geschichte, die nicht emotional aufreibend, aber schön war. Sie endete, wie viele solche Geschichten enden: ohne wirkliches Ende. Wir wollten an einem Nachmittag gemeinsam die Katakomben besuchen, als er kurzfristig absagen musste. Irgendeine wichtige Sache bei der Arbeit. Er wollte unseren Ausflug auf den nächsten Tag schieben, aber dann fuhr ich in die Schweiz zurück, was ich ihm eigentlich gesagt hatte, er aber anscheinend nicht mehr wusste. Als ich drei Wochen später zurück nach Paris kam, wollte er gleich am ersten Abend nach der Arbeit vorbeikommen, blieb dann aber mit einem Mitarbeiter »für ein paar Bier« in der Bar. Später kamen noch ein paar Schnäpse dazu, und um drei Uhr morgens schickte er einige WhatsApp-Sprachnachrichten, die ich nur schwer verstand, aber als Erklärung, warum er nicht mehr vorbeikommen konnte, deutete. Ich schrieb am nächsten Morgen zurück, worauf er erst zwei Tage später antwortete. Wir schickten noch ein paar lahme Nachrichten hin und her, sahen uns aber nie mehr wieder. Ich war nicht wirklich traurig, ich war enttäuscht und fragte Lilo, was sie tue, damit ihre Geschichten nicht so enden würden.

»Nichts«, sagte sie. Solche Geschichten seien typisch für Paris, solche Enden ebenfalls. Die Männer seien kleine Schlawiner. Nach einer kurzen Phase von großer Aufmerksamkeit würden sie das Interesse verlieren und einen fallen lassen. Aber das sei doch total frustrierend, meinte ich. Und irgendwie auch verletzend. »Mais non!«, rief Lilo. »Deshalb musst du es eben machen wie wir Pariserinnen. Du musst mehrere Männer gleichzeitig haben, dann fällst du weich in die Arme des nächsten!«

Eine Weile traf ich danach einen Oberarzt des größten Krankenhauses in Paris und habe viel, für meinen Geschmack ein bisschen zu viel, über den Dünndarm und die menschliche Verdauung gelernt. Ich habe von ihm aber auch gelernt, eine richtige italienische Carbonara zu kochen, weil er aus Rom stammte und seine gesamte Kindheit, wie er sagte, mit seiner Großmutter in der Küche verbracht hatte. Ich lernte einen ehemaligen Profisportler aus Chile kennen, der nun als Personal Trainer in der Pariser Schickeria arbeitete, und unterhielt mich mit ihm auf Spanisch, was ihn wahnsinnig amüsierte, weil ich anscheinend einen ziemlich ausgeprägten venezolanischen Akzent hatte. Das kam daher, dass ich mit neunzehn für drei Monate in Caracas gelebt habe. Ich weiß nicht, warum ihn das so amüsierte, aber ich fand es lustig, dass er es so lustig fand. Dennoch endete diese Geschichte ebenso wie die Geschichte mit dem römischen Oberarzt oder dem französischen Restaurantbesitzer: ohne richtig zu enden. Vielleicht kann nur richtig zu Ende gehen, was richtig angefangen hat – und davon war es jedes Mal weit entfernt.

Ich wurde nie eine »richtige Pariserin« und habe mehrere Männer nebeneinander »jongliert«. Mir wäre das allein schon logistisch zu anstrengend gewesen. Ich wurde auch sonst nie »richtig« Pariserin – einfach, weil mein Französisch nie so gut wurde, dass ich mich so unterhalten konnte, wie ich das wollte. Ich kann einfache Gespräche führen, doch für spannende Konversationen muss ich auf Englisch, Spanisch oder natürlich Deutsch ausweichen. Ich wurde nicht Pariserin, aber Paris wurde mein Zuhause. Für mich ist ein Zuhause ein Ort, den ich erlebt habe und den ich kenne. Es ist ein Ort, an dem Leute auf mich warten, die Zeit mit mir verbringen wollen – und ich mit ihnen. Es ist ein Ort, an dem ich Gegenstände zurücklasse oder sie sogar extra anschaffe. In Paris besitze ich Joggingschuhe und Laufsocken, ich habe mein Parfüm und mein Lieblingsshampoo aus der Schweiz dort sowie eine Karte für die Metro. In der Wohnung meiner Freundin, in der ich nach der Zeit in der Schuhschachtel immer lebte, stehen Geschirr, das ich gekauft habe, und eine French-Press-Kaffeemaschine, die ich für notwendig hielt, sowie mehrere Kabel für Smartphones und E-Book-Reader. Solche Gegenstände sind kleine Versprechen, vielleicht vergleichbar mit der Zahnbürste, die man beim Lover lässt. Ein Beweis, dass man wiederkommen will. Ein Zeichen, dass man es ernst meint.

Berlin

Wer ankommen will, muss abwarten

Ich war mittlerweile in Zürich mit meiner Schwester in eine gemeinsame Wohnung gezogen und musste nicht mehr bei ihr auf der Couch schlafen. Meinen Liebeskummer hatte ich ebenfalls überwunden. Ich hätte folglich problemlos in der Schweiz bleiben können. Aber ich hatte Blut geleckt. So hart Paris am Anfang war, so spannend und schön war es danach. Ich hatte das Gefühl, mein Leben war dank dieser Erfahrung um ein Vielfaches reicher, meine Welt um mehrere Dimensionen größer geworden. Ich wollte das nochmals erleben. Ich wollte noch einmal an einem Ort neu beginnen und kaufte ein

Zugticket nach Berlin. Zufrieden rollte ich meinen Koffer durch den Zürcher Hauptbahnhof. Satte 11 Stunden und 39 Minuten dauert die Fahrt mit dem Nachtzug nach Berlin. Gewöhnlich fahre ich tagsüber, wenn ich in Europa irgendwohin muss, nicht zuletzt, weil ich auf Zugfahrten so effizient wie sonst nirgendwo bin. Aber in diesem Fall erschien es mir sinnvoller, über Nacht zu reisen. Immerhin wollte ich mehrere Monate in Berlin bleiben, hatte eine entsprechend große Tasche dabei und wollte frisch und erholt ankommen. Ich war auch überzeugt, dass ich gut schlafen würde, weil ich glaubte, mich daran zu erinnern, dass wir während meiner Schulzeit mit dem Nachtzug nach Prag und Rom gefahren sind und ich wegen des Schaukelns schlief wie ein Stein. Nun, meine Erinnerung war kein guter Ratgeber. Ich las auf der Fahrt ein halbes Buch, schaute einen Dokumentarfilm und lauschte, wie meine Abteil-Nachbarin leise schnarchte. Geschlafen habe ich so gut wie nicht. Als ich in Berlin ankam, fühlte ich mich wie ein Zombie, was irgendwie gut zu dieser Stadt passte. Berlin lebt in der Nacht und erinnert an eine heruntergekommene Bar: Es ist düster und rauchig, teilweise sogar versifft. Aber man kann dort unvergessliche Stunden verbringen.

Berlin hat keine Eleganz und keinen Charme wie Paris. Berlin ist wie der Typ der Klasse, vor dem sich alle ein bisschen fürchten. Niemand weiß genau, wo und wie er wohnt und ob er überhaupt ein richtiges Zuhause hat, er ist der »Bad Boy« der Schule – aber er hat immer das begehrteste Mädchen als Freundin. Ich war schon seit Teenagerjahren fasziniert von der Stadt. Ich war auch schon oft dort, aber immer nur sehr kurz. Das erste Mal, ich war knapp achtzehn, kam ich mit meiner Schwester, einmal war ich mit meiner besten Freundin dort, einmal mit meinem besten Freund. Wirklich orientieren konnte ich mich nie in Berlin und die Distanzen unterschätzte ich regelmäßig. Allein im Stadtteil Mitte wohnen mit 400 000 Leuten fast so viele Menschen wie in Zürich.

Weil mich die Hauptmieterin einer großen Altbauwohnung am Maybachufer, wo ich die nächsten Wochen verbringen sollte, am frühen Morgen noch nicht reinlassen konnte, musste ich nach meiner Ankunft Zeit totschlagen. Ich fuhr zum Reuterkiez und setzte mich in eine Bäckerei, die Franzbrötchen mit Marzipan verkaufte. Ich aß zwei Stück, also etwa ein Pfund klebrig-süßen Teig, und las die Kontaktanzeigen eines alten *ZEITMagazins*, was ich jedes Mal als einen Einblick in die Vergangenheit empfinde.

Am Mittag empfing mich meine Berliner Mitbewohnerin und führte mich durch die Wohnung. Mein Zimmer hatte Stuck an den Wänden und einen eigenen Balkon, die Möbel der Wohnung hatte sie selbst angefertigt, und jedes Stück hatte eine eigene Regel: »Hier kein Wasserglas abstellen! Dort nicht hinsetzen! Wenn du das benutzen willst, dann nur mit Unterlage!« Die Wohnung war ein regelrechter Hindernisparcours, sie gefiel mir aber sehr, auch wenn ich immer Angst hatte, etwas kaputt zu machen. Ich entschied, mein neues Quartier zu erkunden, und spazierte am Maybachufer entlang, durch den Bergmannkiez und bis zum Tempelhofer Feld. Ich staunte über eine Pizza, die mit Pommes belegt war – wer kommt auf die verrückte Idee, so etwas zu kreieren, und wer kommt auf die noch verrücktere Idee, so etwas zu essen? –, und kaufte im *Sahara Imbiss* ein Falafel Sandwich mit zu viel Erdnusssoße. Kurz vor zehn sank ich todmüde ins Bett. Am nächsten Morgen wurde ich von meiner zweiten Mitbewohnerin geweckt, einer jungen Frau aus Florida, die auf Weltreise war und für drei Wochen in Berlin haltmachte. Sie stand in der Küche und fluchte laut über die Kaffeemaschine, einen italienischen Bialetti-Espressokocher, den sie nicht richtig zugeschraubt hatte und der seinen Inhalt deshalb in alle Richtungen verteilte. Wir unterhielten uns kurz, mehrheitlich über die Vor- und Nachteile verschiedener Kaffeemaschinen, dann verschwand sie mit ihrer Tasse in ihrem Zimmer.

Der Grund, warum ich dieses Mal eine WG und keine eigene Wohnung wählte, war, dass ich hoffte, es wäre so einfacher, einen lokalen Freundeskreis zu finden. Nun war jedoch die Berlinerin fast ununterbrochen mit ihren Möbeln auf Messen und Ausstellungen, und meine Mitbewohnerin aus den USA verbrachte die meiste Zeit in ihrem Zimmer, wo ich sie über verschiedene Youtube-Videos lachen hörte. Abends kam sie frisch gestylt heraus, kochte sich einen starken Kaffee und ging in den *KitKatClub*. Abgesehen von einigen kurzen Gesprächen am Küchentisch verbrachten wir kaum Zeit miteinander.

Es lief nicht, wie ich es mir erhofft hatte. Die ersten Wochen in Berlin waren hart und harzig. Als Touristin hatte ich deutlich mehr Spaß in der Stadt. Aber dann war die Absicht eine andere. Ich hatte keinen Alltag und keine Arbeit, ich war zu Besuch dort, »just for fun«. Ich kam auch nie alleine, sondern in Begleitung. Nun wollte ich aber in Berlin leben und mich entsprechend benehmen. Statt Sightseeing machte ich mich auf die Suche nach einem Café mit gutem Wifi. Statt auf Shoppingtour zu gehen, klapperte ich die Läden nach einem günstigen Fahrrad ab. Aber auch wenn ich ziemlich rasch alles hatte, was ich für meinen Alltag brauchte, fehlte mir doch etwas Wesentliches: ein soziales Umfeld. Mein einziger Kontakt war ein Fotograf, den ich von verschiedenen Reportagen kannte. Wir verstanden uns gut und ich mochte ihn auch sehr, aber er war gerade in einer neuen Beziehung, ich konnte also nicht allzu viel seiner Zeit beanspruchen.

Mein Alltag die ersten Wochen in Berlin war relativ monoton. Morgens joggte ich am Maybachufer entlang, und wenn ich besonders motiviert war, zusätzlich eine Runde auf dem Tempelhofer Feld. Mittags beantwortete ich im *Café Tischendorf* meine E-Mails und verfasste Texte für eine Schweizer Werbeagentur. Nachmittags wechselte ich auf die andere Straßenseite ins *Café Katulki*, schaufelte Streuselkuchen in mich hinein, schrieb weiter irgendwelche Texte, und abends machte ich meist ... nichts. Einmal setzte ich mich allein in die beliebteste »Erstes-Date-Bar« in Neukölln, ins *Nathanael und Heinrich*, und beobachtete Paare, die noch keine waren. Ein anderes Mal aß ich am Tresen des Restaurants *Beuster* einen Burger. Meist aber holte ich irgendwo Sushi oder ein Falafel-Sandwich mit zu viel Erdnusssoße und setzte mich vorsichtig an den Holztisch im Wohnzimmer, den ich nur benutzen durfte, wenn ich ihn mit Tischunterlagen bedeckte.

In Paris ist es mir nicht besser ergangen, aber dort hatte ich zu Beginn solch üblen Liebeskummer, ich fand es nur logisch, dass die ersten Wochen eher trist waren. Dass ich in Berlin eine ähnliche Erfahrung machte, überraschte mich. Was ich damals noch nicht wusste, war, dass man diesen Prozess nicht beschleunigen kann. Egal, wie sehr man sich anstrengt, egal wie viele Leute man anschreibt, die ersten Wochen fühlen sich immer an wie eine Mutprobe. Traut man sich zu bleiben? Hält man durch? Es ist, als würde die Stadt testen wollen, ob man es wirklich ernst meint. Wer durchhält, wird belohnt. Denn nach etwa drei Wochen wurde mein Alltag jedes Mal auf beinahe magische Weise besser. Plötzlich war ich öfter verabredet und traf überall neue Leute. Man hat die Probezeit bestanden, nun kann das »richtige« Leben beginnen.

Natürlich wäre meine Enttäuschung in Berlin kleiner gewesen, hätte ich andere Erwartungen gehabt. Hätte ich gewusst, dass Neuanfänge so schwierig sind. Heute weiß ich das. Das heißt aber nicht, dass ich keine Erwartungen mehr habe. Ich bin der festen Überzeugung, dass es unmöglich ist, einfach gar nichts zu erwarten. Ich habe immer noch Erwartungen, sie basieren mittlerweile jedoch auf Erfahrungen und nicht auf Vorstellungen. Heute erwarte ich, dass die ersten Wochen an einem neuen Ort interessant werden, aber nicht für mich als soziales Wesen, sondern für mich als introvertierte Person. Ich würde mich als eine extrovertierte Introvertierte bezeichnen. Ich ziehe Kraft aus dem Alleinsein, sehne mich aber nach Gesellschaft. Das ist manchmal ein anstrengender Tanz, aber es ist auch eine spannende Ausgangslage. Beides hat seinen Reiz, beides hat seine Herausforderungen. Ich glaube, dass alle, auch die ausschließlich extrovertierten Personen, einen introvertierten Anteil in sich haben, und es gibt kaum einen besseren Zeitpunkt, sich mit diesem auseinanderzusetzen, als in den ersten Wochen in einer neuen Stadt.

Ich erwarte von diesen ersten Wochen, dass ich viel über mich und insbesondere über mich an diesem neuen

Ort lerne. Wenn es noch ganz still ist, weil einfach nicht viel passiert, bin ich mir so nah wie sonst nie. Wenn ich kaum Leute treffe und noch keine fremden Meinungen höre, kann ich am besten auf meine eigene Stimme achten. Je leiser das Grundrauschen, desto lauter mein Unterbewusstsein. Ich spüre klarer, ob ich etwas mag oder nicht. Ich achte mehr auf Kleinigkeiten. Allein sehe ich Dinge, die mir nie auffallen würden, wenn ich in einer Gruppe unterwegs bin. In diesen ersten Wochen an einem neuen Ort spüre ich meine persönlichen Grenzen ganz deutlich und nehme meine Gefühle sehr klar wahr. Ich kann meinen Gedanken lauschen, als wären sie ein Hörbuch. Diese Wochen, so langweilig sie zuweilen von außen scheinen mögen, so spannend sind sie für mich im Inneren.

Es ist okay, einsam zu sein. Es ist okay, gelangweilt zu sein. Es ist okay, nicht sofort ein großes Netzwerk zu haben. Man ist nicht uncooler, weniger charismatisch oder liebenswürdig, man ist einfach *neu*. Diese Durststrecke ist vorprogrammiert, und sie wird auch nicht kürzer, wenn man schon ein paarmal einen Neuanfang gewagt hat. Es ist wie mit Liebeskummer. Nur weil man bei der letzten Trennung schon gelitten hat, bedeutet das nicht, dass man bei der nächsten wie ein Profi alles innerhalb von ein paar Tagen durchgestanden hat. Die ersten Wochen wurden über die letzten Jahre nicht einfacher, ich wurde einfach erfahrener – und ließ mich nicht mehr einschüchtern und täuschen. Die sozialen Medien sind diesbezüglich nämlich keine Hilfe. Scrollt man durch den Instagram-Feed von einem »Digital Nomad«, hat man das Gefühl, in der Ferne ist alles leicht und schön. Niemand postet ein Foto von sich allein zu Hause, weil er noch niemanden gefunden hat, der sich für eine Bartour begeistern lässt. Alle geben vor, dass sie ankommen und sofort Anschluss finden. Das ist kompletter Blödsinn. Aber das Alleinsein ist nun mal nicht *instagrammable*.

Wenn ich mit anderen Expats über die ersten Wochen an einem neuen Ort rede, reagieren dann aber alle gleich: Alle sind froh, dass endlich jemand zugibt, wie schwierig so ein Neubeginn ist. Sie sind erleichtert, weil es ihnen gleich erging. Auch wenn wir alle wissen, dass auf Social Media nur die guten Seiten des Lebens gezeigt werden, fallen wir auf den Schwindel herein. Wir glauben, dass es allen anderen besser ergeht. Dass große Veränderungen nur für einen selbst so schwierig sind. Diese anfängliche Einsamkeit ist ein kleines Tabu in der Nomad:innenwelt. Man ist so bemüht, allen zu beweisen, wie toll dieser Lebensstil ist, dass man Stolpersteine vertuscht, Herausforderungen verschweigt und Schwierigkeiten verharmlost.

Eine neue Heimat braucht Zeit. Sich einzuleben ist ein kleiner Kraftakt, eine Geduldsprobe. Wer ankommen will, muss abwarten. Damals in Berlin war ich frustriert darüber, wie schwierig es war, Anschluss zu finden, und vor allem genervt von mir selbst, dass ich es nicht besser konnte. Ich dachte, dass ich sofort mit den coolsten Kids in ganz Berlin um die Häuser ziehe. Ich erwartete, dass Berlin auf mich wartete – und das war natürlich eine komplett falsche Vorstellung.

Das Prokrastinationsparadies

Als ich einen weiteren Samstagabend in meinem Zimmer verbrachte, mir Erdnusssoße auf mein T-Shirt kleckerte, während ich durchs Fenster schaute und das Treiben vor meinem Haus verfolgte, tat ich endlich, was ich schon längst hätte tun sollen: Ich schickte jeder mir halbwegs bekannten Person eine Nachricht. Dass ich das nicht eher tat, lag daran, dass ich nicht unbedingt andere Schweizer:innen treffen wollte. Es gibt Nomad:innen, die sofort Landsleute aufsuchen, wenn sie in einem fremden Land ankommen. Sie gruppieren sich, bleiben unter sich und verbringen ihre Freizeit zusammen. Ich versuchte das zu vermeiden. Nicht, weil ich etwas gegen meine Landsleute habe, aber würde ich unter Schweizer:innen sein wollen, würde ich in der Schweiz bleiben. Aber nun schien es mir doch die beste Idee, und ich ging mein ganzes Adressbuch durch. Als ich damit fertig war, lud ich Bumble herunter. Dieses Mal nicht, um neue BFFs zu suchen.

Mit dem ersten Typ ging ich einen Kaffee trinken, bevor ich eine Pilateslektion besuchte. Er kritisierte mehrmals mein Sportoutfit, das sei so typisch New York, und wir seien doch in Berlin. Der zweite Typ fand es wichtig, mir nach dem dritten Drink zu sagen, dass er kürzlich mit einer anderen Frau, die er auf Tinder kennenlernte, nach Hause ging und Sex hatte. Ich weiß nicht, was die Absicht dahinter ist, wenn jemand auf einem Date von anderen Dates erzählt. Will man so besonders cool und locker sein? Lebt man nach dem Motto »Sharing is caring«? Oder hat man schlicht jegliches Taktgefühl verloren? Jedenfalls erzählte der Mann, dass die Tinder-Frau total ausgerastet sei, weil er kein Kondom dabeihatte. Das fand er völlig übertrieben, er ging dann aber doch noch welche kaufen, weil sie körperlich gut, »also wirklich total gut« harmoniert hatten. Er verstand nicht, warum ich ihn nach dieser Geschichte nicht mehr sehen wollte, und ich verstand nicht, wie er das nicht verstehen konnte.

Der dritte Versuch war keine Enttäuschung, es wäre untertrieben, das so zu nennen. Was mir passierte, war ein Novum in meiner Dating-Historie. Ich weiß, dass Leute immer sagen, ihre Matches sehen in *real life* so gar nicht aus wie auf den Fotos, aber bei mir war das nie der Fall. Bis zu ebendiesem Tag in Berlin. Der Typ hatte mit seinem Profil so gut wie nichts gemein. Wir waren am Brandenburger Tor verabredet, ich war ein paar Minuten zu früh da und um Punkt fünf schritt jemand eilig auf mich zu. Ich hätte ihn nicht erkannt, wenn er nicht direkt auf mich zugesteuert wäre. Er war nach seinen Angaben Designer, achtunddreißig Jahre alt, sah auf seinen Fotos attraktiv, sportlich und jung aus. Seit dem Knipsen dieser Bilder müssen aber viele Jahre vergangen sein. Man konnte nur noch mit Fantasie erkennen, dass es derselbe Mensch war. Ich sagte zu mir: »Sei nicht so oberflächlich, vielleicht ist er ja ein guter Typ, das Aussehen ist sekundär, und überhaupt, was zählt, sind die inneren Werte!« Okay, das sagte ich mir nicht, aber ich wusste auch nicht, was ich anderes hätte tun sollen, als einfach so zu tun, als sei alles okay.

Wir spazierten durch den Tiergarten. Nach zehn Schritten überlegte ich mir bereits Exit-Strategien. Das

Gespräch war eine Katastrophe. Weil er von mir wusste, dass ich mehrere Jahre fürs Fernsehen gearbeitet hatte, berichtete er mir von jeder Sendung, die er je in seinem Leben gesehen und für schlecht befunden hatte, und machte mich verantwortlich für das in seinen Augen unbefriedigende TV-Angebot. Als er damit durch war, klagte er über die moderne Literatur. Auch die fand er nicht zufriedenstellend, und da ich Autorin war, diente ich erneut als Sündenbock. Nach zwanzig Minuten war es Zeit für meine Ausrede. Ich nahm mein Handy hervor, drückte kurz darauf rum und erklärte, dass just in diesem Moment eine Werbeagentur eine neue Version eines Textes brauchte. »In zwei Stunden ist die Deadline«, sagte ich verzweifelt und steuerte auf die nächste U-Bahn-Station zu. Zu meiner Verwunderung sagte er, dass er es toll fand mit mir und wir das nächste Mal abendessen gehen könnten. Ich murmelte etwas von »Wir schauen noch« und stieg in die Bahn, die gerade einfuhr, auch wenn sie in die falsche Richtung ging. Vielleicht hatte ich eine böse Vorahnung, so abrupt hatte ich jedenfalls noch nie ein Date verlassen. Ein paar Tage nach dem Treffen bekam ich eine Nachricht. Wann wir denn nun essen gehen wollten, fragte er. Ich wollte nicht verletzend sein und antwortete freundlich, dass ich nach etwas anderem suchen würde und es gern bei diesem einen Treffen belassen möchte. Ich wünschte ihm viel Glück bei seiner Suche nach einer Partnerin und hoffte, damit wäre die Sache erledigt. Eine Minute später klingelte mein Handy. Ich ging nicht ran, ich wollte mich nicht verteidigen müssen, fand meine Nachricht klar und nachvollziehbar. Es folgte eine WhatsApp-Nachricht mit dem Befehl, dass ich gefälligst rangehen sollte, er wolle mit mir sprechen. Ich antwortete, dass ich das lieber nicht tun möchte. Er rief abermals an und schickte mehrere wütende Nachrichten. Ich sei ein Unmensch, ihm eine solche Abfuhr zu erteilen. Ein paar Nachrichten später schrieb ich, dass ich mich unwohl fühlen würde und ich, sollte er mich weiter belagern, seine Nummer blockieren müsste. Er hörte nicht auf, schickte Nachricht um Nachricht und rief mehrmals an. Ich blockierte seine Nummer. Was ich nicht wusste: Eine blockierte Nummer auf WhatsApp kann noch immer SMS schicken. Zehn Minuten später hatte ich eine Nachricht auf meinem Handy, die den ganzen Screen ausfüllte. Da stand, dass ich eine total gestörte Person und eine Lügnerin sei und dass ich es nicht verdient hätte, dass man sich Zeit für mich nehmen würde.

Das Perfide an solchen Attacken ist, dass es Kraft kostet, sie nicht an sich heranzulassen. Obwohl man weiß, dass das Geschriebene falsch ist, muss man achtgeben, dass man unversehrt bleibt. Es ist wie mit vernichtenden Kommentaren unter Artikeln in Onlinemedien. Immerhin kann man solche Hasskommentare besser ignorieren als SMS. Jedenfalls wenn man weiß, dass man sie ignorieren muss. Als vor ein paar Jahren die ersten Artikel über mich und meine Bücher erschienen, war ich noch recht naiv und las neugierig alles, was in dem Zusammenhang geschrieben wurde – auch die Kommentare unter den Artikeln. Ich lernte schnell aus meinen Fehlern. Onlinekommentare sind in den meisten Fällen fies und wenig differenziert. Das liegt in der Natur der Sache: Es ist einfach, aus der Ferne und vor allem anonym, so wie es bei vielen digitalen Zeitungen möglich ist, einen giftigen Kommentar zu hinterlassen – und für manche ist dies wohl auch sehr befriedigend. Man attackiert aus dem Versteck und kann seinen Frust loswerden. Der Frust muss nicht unbedingt mit der Person zu tun haben, was zählt, ist, dass Dampf abgelassen werden kann.

Mir war klar, dass der Ärger dieses Mannes wenig mit mir und meiner Person zu tun hatte, dass er wohl einfach wütend und frustriert im Allgemeinen war und ich als Zielscheibe diente. Aber auch wenn ich das wusste, musste ich mich bewusst darum bemühen, dass es mich nicht beschäftigte oder verfolgte. Ich erzählte die Geschichte meinen Freundinnen, löschte seine Nummer und unser Match. Ich löschte sogar mein Bumble-Profil. Einerseits, weil ich befürchtete, dass er nochmals auftauchen könnte, andererseits, weil ich nach diesem Vorfall erst mal keine Lust mehr auf Online-Dating hatte. Es beruhigte mich, dass er am anderen Ende der Stadt lebte, aber ich achtete eine Zeit lang trotzdem darauf, dass ich nicht oft allein unterwegs war.

Zum Glück waren zu diesem Zeitpunkt schon einige Wochen vergangen, und ich hatte eine kleine Gruppe von Freund:innen in Berlin gefunden, mit denen ich meine Abende verbrachte. Mein Einsatz hat sich gelohnt, ich habe viele der Berlin-Schweizer:innen, die ich angeschrieben hatte, getroffen, und einige von ihnen sah ich nun regelmäßig. Ich verabredete mich oft mit einer Drehbuchautorin, die Schweizerin war, aber seit ihrer Geburt in Berlin lebte und daher den lustigsten Dialekt sprach, den ich je gehört habe. Ab und zu besuchte ich eine Schweizer Schauspielerin, die in Kreuzberg ein Restaurant führte. Ich kannte sie über meine beste Freundin, die früher in Zürich mit ihr zusammengearbeitet hatte. Die meiste Zeit jedoch verbrachte ich mit Lisa.

Lisa und ich hätten uns schon viel früher kennenlernen können. Lisa stammt ebenfalls aus der Schweiz und wohnte jahrelang nur drei Fahrradminuten von mir entfernt. Aber so wie einige Freundschaften ein frühes Ablaufdatum haben, haben andere wohl ein späteres Startdatum, das nicht vorgezogen werden kann. Lisa und ich waren in all den Jahren mehrmals für die gleichen Preise nominiert und wurden zu denselben Podien eingeladen. Beide fingen wir sehr früh an, fürs Fernsehen zu arbeiten. Die Schwierigkeiten, aber auch die Vorteile, die ein solcher Job in jungen Jahren mit sich bringt, kann niemand so gut verstehen wie Lisa. Seit ich zwanzig war, stand ich mehrmals wöchentlich vor der Kamera. Ich wollte das so, ich will mich nicht beklagen. Und doch hätte ich mir für diesen Job etwas mehr Lebenserfahrung und Gelassenheit gewünscht. Ich haderte, wie wohl jede Frau Anfang zwanzig, mit meinem Aussehen. Auch war ich mit meinen 1,62 Metern meist kleiner als meine Interviewpartner:innen. Damit ich größer war und wirkte, habe ich in all den Jahren als TV-Reporterin Schuhe mit einem hohen Absatz getragen. Lisa begann fünf Jahre nach mir beim TV zu arbeiten, moderierte ihre eigene Sendung und war schnell bekannt und populär in der Schweiz. Wir haben einen ähnlichen Lebenslauf, sich überschneidende Freundeskreise und gleiche Interessen. Aber trotz der vielen Parallelen sind wir total verschieden. Lisa vergisst jede Rechnung zu bezahlen, und wenn sie in den Urlaub fliegt, kann sie den vollen Koffer mitnehmen, den sie nie ausgepackt hat. Ich habe innerhalb von zehn Minuten alle Gegenstände eines mehrmonatigen Aufenthalts verräumt und noch nie eine Mahnung bekommen. Wenn Lisa eine Situation neu oder ungeheuer ist, geht sie in die Offensive und ist maximal charmant, zuweilen vorlaut. Ich verstumme in der gleichen Situation, stehe still am Rand und beobachte das Geschehen. Wir sind ein gutes Team; heute, ein paar Jahre nach unserem Kennenlernen in Berlin, ist mir das noch klarer als damals.

Warum wir nicht vorher Freundinnen wurden, weiß ich nicht. Ich mochte sie immer. Und, wie sie sagt, mochte sie mich ebenfalls. Dass wir uns in Berlin endlich richtig kennenlernten, war das Ergebnis eines unbedeutenden Zufalles. Ich postete ein Foto der Spree auf Instagram, und eine mir unbekannte Person kommentierte darunter: »Da kannst du ja Lisa treffen, die ist auch in Berlin!«

Eine halbe Stunde später saßen Lisa und ich in der *TISK Speisekneipe* beim Rathaus Neukölln und redeten miteinander, als wären wir schon ewig eng befreundet. Lisa lebte zu diesem Zeitpunkt seit zwei Jahren in Berlin. Es war eine weitere Sache, die uns verband: Wir wussten beide, wie es ist, wenn man neu und fremd ist. Sie gab bewusst die Privilegien auf, die sie in der Schweiz hatte. In Berlin war sie nicht die »Moderatorin von«. Sie war ein No-Name. Eine Unbekannte. Eine andere Sache, die beim Expat-Leben gerne verschwiegen wird: In der Ferne ist man ein weißes Blatt Papier. Erfolge haben keine Bedeutung, Errungenschaften keinen Wert. Man wird mit nichts und niemandem in Verbindung gebracht. Das hat Vor-, aber auch Nachteile. Im Ausland bin ich nicht »die Schwester von«, »die Freundin von« oder »die ehemalige Reporterin von«. Ich bin auch nicht die »Kolumnistin von« oder »die Autorin von«. Ich bin nur ich. Ohne Referenz. Ohne Zusatz.

Lisa liebte Berlin. Und weil ich Lisa so sehr mochte, begann ich, Berlin ebenfalls zu mögen. Vielleicht aber war es gar nicht Lisas Einfluss, dass sich meine Meinung änderte. Vielleicht war es nur eine Frage der Zeit. Gewisse Städte sind Liebe auf den ersten Blick, New York war so für mich. Berlin jedoch fand ich grau und monoton. Ich war fasziniert, aber immer wieder auch sehr irritiert. Es dauerte, bis ich die Schönheit der Stadt erkannte. Bis ich die vielen Grünflächen sah, die raffinierten Graffitis, die hübschen Häuserfassaden. Obwohl der graue Winter anbrach, wurde mein Berliner Alltag mit jedem Tag bunter. Lisa nahm mich mit zu WG-Partys, wo sehr viel und sehr billiger Wodka ausgeschenkt wurde. Ich begleitete sie in ihr Fitnessstudio, nach dessen Gruppenkursen ich für mehrere Tage nicht mehr richtig gehen konnte. Ich setzte mich mit ihr und ihren Freundinnen in heiße, schwimmende Whirlpools, sogenannte Badedampfer, mit denen man die Spree rauf und runter schippern konnte, und probierte so viele vegane Restaurants wie noch nie zuvor.

Und dann – es lief so richtig gut, ich hatte tolle Leute kennengelernt und ein wirklich schönes Leben – machte ich den Fehler, den sicher schon viele Expats gemacht haben: Ich verhielt mich, als wäre ich im Urlaub. Ich feierte die Nächte durch und schlief lange aus. Ich war ständig auf irgendwelchen Partys und dementsprechend verkatert, ich arbeitete folglich wenig effizient und unkonzentriert. Mich erstaunt nicht, dass in Berlin so viele im Prozess stecken bleiben und ihre Projekte nie richtig abschließen. Die Stadt ist ein Prokrastinationsparadies. Ich war gut zwei Monate in Berlin, als ich ein größeres Dossier für eine Werbeagentur verfassen musste. Das Dokument kam zurück mit dem Vermerk, dass ich da noch »ziemlich« dran arbeiten müsse. Die Kritik war berechtigt. Meine Leistung war unter meinem Niveau. Wenig später wurde auch bei einem Essay für ein Schweizer Magazin, das ich in letzter Sekunde abschickte, eine Überarbeitung gewünscht. Ich war gewöhnlich immer lange vor der Deadline fertig und wurde stets für meine gute Arbeit gelobt. Dass es dieses Mal anders war, hätte ich nicht so schlimm gefunden, hätte ich nicht instinktiv gewusst, dass dahinter ein anderes Problem steckte. Ich war schließlich weder unter Zeitdruck gewesen, noch hatte mich der Auftrag übermäßig herausgefordert. Ich war auch nicht grundsätzlich unzufrieden oder gestresst. Was nicht stimmte, war meine Arbeitsweise.

Zuerst die Arbeit, dann das Vergnügen?

Die nächsten Tage vergrub ich mich in meinem Zimmer. Ich las von der berühmten *Vier-Stunden-Woche* bis hin zum philosophischen *Café am Rande der Welt* alles, was irgendwie in den Themenbereich von »Work-Life-Balance« fiel. Diesen Begriff fand ich irreführend, weil die Formulierung suggeriert, dass Arbeit kein Teil des Lebens wäre, aber die verschiedenen Überlegungen und Theorien waren teilweise sehr spannend.

Je mehr ich las, desto klarer wurde mir, warum ich in eine Sackgasse gelaufen und aus der Balance geraten war: Ich brauchte die Arbeit nur, um Geld zu verdienen. Spaß verband ich mit freier, nicht bezahlter Zeit. Die Zeilen, die ich schreiben, und die Slogans, die ich kreieren musste, fand ich jedoch wenig interessant, und oft fühlte ich mich schlecht dabei. Immer wieder ertappte ich mich, wie ich dachte: Dieses Produkt braucht doch niemand! Ich musste beim Schreiben von Werbetexten in den allermeisten Fällen meine natürliche Abneigung gegen den übermäßigen Konsum ignorieren. Ich sage nicht, dass Konsum per se schlecht ist. Aber ich bin überzeugt, dass wir wegen der Fülle an Waren und der Werbung für Dinge, die unser Leben vermeintlich besser machen sollen, in eine falsche Richtung geleitet werden. Wir lernen und glauben, mehr Geld zu benötigen, weil wir uns all diese »glücksstiftenden« Sachen leisten müssen. Um dieses Geld zu haben, benötigen wir Zeit. Zeit, die wir anderswo – für Freund:innen, Familie, uns selbst – nicht mehr haben. Werbung ist das Schmiermittel eines Konsumsystems, mit Geld als wichtigstem Motor. Das halte ich für falsch. Mit meinen Texten für PR- und Werbeagenturen unterstützte ich jedoch genau dieses System, auch wenn ich mir vormachte, ja nur projektbezogen eingesetzt zu werden, und mir versicherte, dass meine Glaubenssätze ja ganz andere seien. Ich fühlte mich wie eine Heuchlerin. Demzufolge war es kein Wunder, dass diese Aufträge meine Energie auffraßen, selbst wenn ich vergleichsweise nur wenig Zeit dafür aufwendete.

Würde ich etwas anderes machen, müsste ich nochmals bei null anfangen und könnte nicht damit rechnen, dass die Jobs zu mir kämen, überlegte ich. Ich hätte keine Erfahrung vorzuweisen. Vielleicht wäre das aber gar nicht so schlimm, wenn ich denn etwas finden würde, das mir genauso viel Spaß machte wie das Nicht-Arbeiten, dachte ich weiter – und bei diesem Gedanken blieb ich hängen. Darf Arbeit überhaupt so viel Spaß machen, dass man vergisst, dass es Arbeit ist? »Zuerst die Arbeit, dann das Vergnügen«, heißt es schließlich. Dass Arbeit unterschiedlich aufregend ist, war mir natürlich klar. Aber irgendwie war ich tief davon überzeugt, dass sie am Ende des Tages nur bedingt spaßbringend sein darf. Weil es nun mal Arbeit ist. Ich weiß nicht, ob es meine Schweizer Herkunft oder unsere westliche Gesellschaft, ob es die kapitalistische Sozialisierung oder mein persönlicher Charakter ist, aber ich fand es vermessen, überheblich und arrogant, eine Arbeit verrichten zu wollen, die ich so sehr mochte, dass ich genauso gern arbeitete, wie freizuhaben. »Das Leben ist kein Ponyhof«, wurde mir und allen, die ich kenne, in jungen Jahren beigebracht. Natürlich sollte man etwas finden, das man spannend und erfüllend findet. Aber mehr zu wünschen wäre nur naiv und töricht, und nicht zuletzt herablassend gegenüber all denen, die eine Arbeit verrichten (müssen), die sie nicht mögen.

Es ist wichtig, dass man genügend Geld verdient, um über die Runden zu kommen, das war mir klar. Aber warum setzen wir Geld mit einem erfolgreichen Leben gleich? Warum zielen die meisten Fragen beim Kennenlernen auf den Job? Warum tun wir so, als würde man etwas falsch machen, wenn man in der Karriere nicht weiterkommt? Warum ist der Wunsch nach Spaß so verpönt? Für mich war es zwar wegen meiner Erziehung und dem frühen Tod meines Vaters wichtig, dass Arbeit und Vergnügen gleichzeitig und nebeneinander existieren, weil man ja nie weiß, wie lange man noch lebt. Aber dass es auch »Arbeit gleich Vergnügen« heißen könnte, sah auch ich nicht als Option. Bei diesem Gedanken stellte sich alles quer in mir.

Wenn man erwachsen wird, wird einem zudem beigebracht, dass man nicht allzu groß träumen sollte. Gut möglich, dass auch dies typisch schweizerisch ist. Ein düsteres Zukunftsbild gilt in meiner Heimat als realistisch. Wer sehr optimistisch ist, wird schnell als illusorisch bezeichnet. Was scheitern könnte, wird gar nicht erst versucht. Wir hören zwar begeistert zu, wenn Hollywood-Stars erzählen, wie sie ohne Kontakte nach Los Angeles gereist sind, um ihren Traum zu verfolgen. Aber nur, wenn die Person reüssiert hat. Wir loben den Schritt erst, wenn der ganze Weg zurückgelegt werden konnte. Nur was mit Ruhm und Geld belohnt wird, hat sich gelohnt. Denn wer das Gleiche tat, aber nicht auf riesigen Plakatwänden, sondern im Service eines Restaurants am Sunset Boulevard landete, wird belächelt. Mut wird erst gelobt, wenn er von Erfolg gekürt ist. Bleibt dieser aus, redet man von Übermut.

Ich musste mir richtig einreden, dass es okay ist, etwas tun zu wollen, was hauptsächlich Spaß macht. Ich musste akzeptieren lernen, für übermütig und illusorisch gehalten zu werden. Nur weil die Gesellschaft ein anderes Wertesystem hat, muss das nicht für mich gültig sein, sagte ich mir abermals. Solange ich über die Runden kam und niemandem mit meinem neuen Fokus schadete, gab es keinen Grund, es nicht zu versuchen. Als ich diese kritischen inneren Stimmen halbwegs zum Verstummen gebracht hatte, stand ich vor dem nächsten Problem. Ich wusste gar nicht, was es denn war, das ich tun wollte, und was mir den größten Spaß bereitete. Ich wusste, wofür ich meine unbezahlte Zeit nutzen wollte, für Menschen, die ich liebte, für Sport, zum Reisen und so weiter und so fort. Aber meine bezahlte Zeit? Da war ich mir nicht so sicher.

Ich ging abermals alle Bücher durch, die sich vor mir auf dem Boden türmten, strich Konzepte und Anleitungen an und nahm von allem heraus, was ich am sinnvollsten fand. Am meisten halfen mir diese Fragen: Was waren die Momente, die so schön waren, dass ich sie am liebsten hätte festhalten wollen? Was tat ich, wenn ich am glücklichsten war? Welche Dinge konnte ich gut und mochte sie nur deshalb? Welche Dinge konnte ich gut und mochte sie unabhängig davon? Warum mochte ich sie? Welche Themen sind mir wichtig? Was würde ich gerne können? Nach welcher Tätigkeit bin ich voller Energie? Nach welcher fühle ich mich erschöpft?

Es gibt Menschen, die die komplexesten Dinge im Nullkommanix analysieren. Meine Schwester ist so. Sie muss nur in sich hineinhorchen und weiß, wie sie ihre Zeit füllen will. Ihr Gehirn, so stelle ich mir vor, ist eine kleine, gut aufgeräumte Bibliothek. In meinem Kopf ist es verwinkelter. Meine Entscheidungen sind emotionaler und intuitiver. Wenn etwas geschieht, das ich störend oder aber gut finde, spüre ich das zwar deutlich, mein ganzes Wesen reagiert auf den Impuls. Mein Hirn jedoch braucht Zeit, um alles richtig zu deuten. Ich glaube, damit bin ich nicht allein. Es ist nicht so einfach, sofort und ohne richtig darüber nachzudenken, zu wissen, was man machen will. Man ist mit dem Wunsch, das herauszufinden zu wollen, auch oftmals alleine. In unserer leistungsorientierten Gesellschaft wird man dazu weder animiert, noch wird man dabei groß unterstützt. Es passiert zudem schnell, dass man sich von anderen beeinflussen lässt. Es ist schwierig, die eigene Stimme zu hören, wenn rundherum dezidiert und laut Meinungen geäußert werden. Mir wurde in meinem Leben – nicht von meinen Eltern, aber von vielen anderen Leuten – ständig gesagt, was ich beruflich tun und anstreben sollte. Alle hatten »gute Ideen«, wofür ich meine Zeit hergeben sollte. Nicht darauf zu hören und dem Druck der Gesellschaft standzuhalten, kann anstrengend sein.

Ich setzte mich in meiner Berliner Wohnung im Zimmer auf den Boden und schrieb auf verschiedene Zettel all die Dinge der vergangenen Jahre, ob beruflich oder nicht, die mich glücklich machten. Aber nicht, weil sie von Erfolg gekürt waren, ich viel damit verdiente oder weil ich dafür gelobt worden war, sondern weil ich dabei dieses warme, zufriedene Gefühl von Glück hatte. Auf dem Zettel standen Dinge wie »Roadtrip, aber auf dem Beifahrersitz«. »Mit Freund:innen abendessen«, »Geschichten erzählen«, »Formate ausdenken«. Oder »über Dinge reden, über die man sich gewöhnlich nicht traut zu sprechen«. Auf einem anderen Zettel notierte ich die Dinge, die ich gut konnte. Darauf standen Wörter wie »schreiben« und »zuhören«. So füllte ich Zettel um Zettel, sortierte sie, strich wieder durch. Ich markierte, was wirklich Priorität hatte und was nur »nice to have« wäre.

Ich habe nicht die perfekte Formel gefunden, die für alle passt. Aber ich entwickelte ein System, das für mich funktionierte. So individuell das Resultat, so individuell ist die Herangehensweise. Ich liebe es, alles vor mir auszubreiten. Es schriftlich festzuhalten. Aber nicht alle mögen es, auf Zettel zu schreiben und diese im ganzen Raum zu verteilen. Das Geheimnis dahinter, so bin ich überzeugt, ist ein anderes: Man muss sich Zeit nehmen, will man wissen, wofür man sich Zeit nehmen will. Man muss Ruhe haben, damit das Rauschen von außen leiser werden kann. Die Meinungen von Freund:innen und Familie können, auch wenn sie gut gemeint sind, leider sehr hemmend sein. Den eigenen Weg zu finden, braucht Zeit. Mich erstaunt nicht, dass im Buch *5 Dinge, die Sterbende am meisten bereuen* der Autorin Bronnie Ware zwei dieser Aussagen folgende sind: »Ich wünschte, ich hätte den Mut gehabt, mein eigenes Leben zu leben« und »Ich wünschte, ich hätte mir erlaubt, glücklicher zu sein«. Wären diese beiden Dinge einfacher umzusetzen, würden sie nicht von so vielen Menschen bedauert.

Ich hörte in Berlin langsam auf, als Texterin für Werbeagenturen und als Journalistin zu arbeiten. Das war schwieriger, als ich dachte. Man erntet Kopfschütteln, wenn man trotz Kapazität einen Job ablehnt. Man kann sich schnell im Ja-Sagen verlieren. Genauso häufig, wie ich von Leuten, die sich selbstständig machen, höre, dass sie anfangs um Arbeit kämpften, höre ich von solchen, die schnurstracks in ein Burn-out schlitterten, weil sie so viele Aufträge bekamen und aus Angst, bald keine mehr zu bekommen, alle zusagten. Nein zu sagen, ist nicht einfach, vor allem nicht, wenn man eigentlich Zeit hätte. Ich konnte kein anderes Projekt als Grund vorschieben, ich konnte nur den Wunsch nach Zeit für ein anderes, noch nicht vorhandenes Projekt als Erklärung geben. Ich durfte mich auch nicht von Lob beeinflussen lassen.

Anerkennung ist ein reizvoller, aber gefährlicher Antrieb. Ich hörte oft, dass ich gut darin war, Texte für Agenturen und Magazine zu verfassen. Es wäre verlockend gewesen, das weiterhin zu machen. Aber es war nicht das, wofür ich meine Zeit hergeben wollte.

Ich entschied, nur noch Schreibaufträge anzunehmen, wenn es finanziell zwingend notwendig war. Konnte ich mich aber ohne solche Jobs über Wasser halten, investierte ich meine Zeit in andere Ideen. Beispielsweise in das Entwickeln von TV- und Podcast-Formaten. Oder in das Konzipieren von Büchern oder Spielfilmen. Die Möglichkeit, in diesen neuen Berufsfeldern Arbeit zu bekommen, war nun viel kleiner. Als Werbetexterin und freie Journalistin kamen die Aufträge zu mir. Ich war erfahren und dank verschiedener Preise, die ich für meine Essays und Reportagen gewann, auch erfolgreich. Die Kulturszene war Neuland – und ein hartes Pflaster. Dass ich gleich verschiedene Interessen hatte, machte es nicht einfacher. Immer wieder musste ich erleben, dass es lieber gesehen wird, wenn eine Person nur in einem Bereich tätig ist. Entweder man schreibt Romane oder Sachbücher, sicher nicht beides. Man ist Moderatorin oder Autorin. Man konzentriert sich auf Drehbücher oder Theaterstücke. Man tut nicht alles gleichzeitig und nebeneinander.

Als ich einige Monate später wieder einmal in Berlin war, traf ich mich mit einem Literaturagenten. Er sagte mir, dass ich mich festlegen müsste. Man könne nicht in diversen Feldern erfolgreich sein. Er fand, ich müsse mich entscheiden: Sachbücher oder Romane. Filme oder Theaterstücke. Und das Moderieren sollte ich ohnehin sein lassen, wenn ich als Autorin ernst genommen werden will. Ich lief nach diesem Treffen verwirrt und enttäuscht nach Hause. Wie sollte ich von all den Dingen, die ich gern tun wollte, eines wählen? Musste ich wirklich eine Sache wählen? Warum durfte ich nicht verschiedene Dinge gleichzeitig versuchen? Ich wollte ja nicht einerseits Häuser bauen und andererseits Herzen operieren. Ich machte doch immer mehr oder weniger das Gleiche: Ich erzählte Geschichten – sei dies auf der Bühne, der Leinwand, in Podcasts oder Shows oder eben zwischen zwei Buchdeckeln. Ich fand, mehrere Dinge gleichzeitig zu tun, müsste möglich sein. Und vor allem fand ich, dass ich etwas ausprobieren musste, um zu wissen, ob es funktioniert oder nicht.

Meine Art kann man durchaus als »sehr optimistisch« und bisweilen naiv bezeichnen. Ich gehöre nicht zu den Menschen, die tagelang überlegen, ob eine Sache scheitern könnte. Ich will nicht zu viel Zeit dafür verwenden. Auch nicht mit dem Grübeln darüber, ob das Projekt, das ich in Angriff nehme, von Erfolg gekrönt sein würde. Nichts gegen Erfolg. Erfolg ist super. Aber Erfolg ist ein schlechter Ratgeber. Erfolg ist ein sehr flüchtiges Gefühl, das manchmal vorbei ist, bevor man es wahrgenommen hat. Die Arbeit an einem Buch kann beispielsweise Jahre dauern. Der Moment, wenn das Buch in die Bestsellerliste gelangt, dieser Moment ist wahnsinnig kurz. Würde man alles nur wegen dieses Momentes tun und hätte nicht wirklich Spaß an der Arbeit davor, wäre das eine sehr ungünstige Rechnung.

Was ich zusätzlich schwierig finde, ist die herkömmliche Definition von Erfolg. Für die Gesellschaft ist etwas erfolgreich, wenn es Geld, Ruhm und Aufmerksamkeit bringt. Das sind unsere Maßeinheiten. Niemand bezeichnet ein Projekt als erfolgreich, das mit keinem der drei Dinge gekrönt ist, aber für alle Beteiligten eine tolle Zeit darstellt. Unser Wertesystem hat Erfolg ganz klar definiert, und ich wünschte, hier würde ein Umdenken stattfinden. Ich wünschte, wir hätten diesbezüglich andere Maßeinheiten.

Ich werte ein Projekt als erfolgreich, wenn es mir so viel Spaß gemacht hat, wie ich annahm, dass es machen würde – und wenn es mich finanziell nicht in den Ruin treibt. So gesehen war meine Arbeitsweise durchaus von Erfolg gekrönt. Nach dem ursprünglichen Wertesystem waren hingegen bei Weitem nicht alle meine Projekte mit Erfolg gesegnet. Einige kamen gar nicht erst zustande, andere fanden statt, aber niemand wusste davon. Aber ist das wirklich schlimm? Hätte ich es nicht tun sollen, wenn ich gewusst hätte, dass meine Ideen scheitern? Ich denke oft an meinen Vater und seinen frühen Tod, wenn es darum geht, etwas zu wagen. Das Leben kann so schnell vorbei sein. Wenn man eine Sache aufschiebt oder warten will, bis man sicherer ist, ob es gelingen wird, kann es plötzlich zu spät sein. Also sage ich meist Ja, ohne davor eine detaillierte Machbarkeitsstudie unternommen zu haben. Ich bin auch jetzt nie *hundertprozentig sicher*, ob ich etwas kann.

Mein Wunsch, mehrere Dinge gleichzeitig zu tun, blieb all die Jahre unverändert. Die einzelnen Wünsche änderten sich jedoch in den letzten Jahren. Einige Dinge konnte ich abhaken, andere waren nach einer Weile nicht mehr so reizvoll. Ich habe meine Arbeitsweise immer wieder nachjustieren müssen. Ich musste meine Prioritäten regelmäßig überprüfen. Ich setze mich immer noch jedes Jahr hin und schreibe auf Zettel, was mir wichtig ist und wem und was ich Aufmerksamkeit schenken will. Meist tue ich das am Ende des Jahres. Ich mache, was ich damals das erste Mal in Berlin machte. Ich nehme mir Zeit, um zu wissen, wofür ich mir Zeit nehmen will.

Kein Weg des geringsten Widerstandes

Berlin war auch mein Zuhause, als ich die ersten Kapitel meines Romans *Nino* schrieb. In Zürich war ich leider schon seit jeher sehr unproduktiv, wenn es ums Schreiben geht. Meine Priorität liegt in der Schweiz so sehr bei meinen Freund:innen und meiner Familie, die wenige Zeit, die mir danach noch bleibt, benötige ich für Jobs, die ich nur vor Ort machen kann, wie das Moderieren von Sendungen und Podcasts. Will ich jedoch ein Drehbuch, Theaterstück oder Buch verfassen, verlasse ich das Land. Dass ich fürs Schreiben nach Paris oder Berlin »flüchten« musste, störte mich nie. Was ich anstrengend fand, war, dass ich mich erklären und beinahe entschuldigen musste für diese Entscheidung. Einige verstanden nicht, dass ich überhaupt gehe. Andere verstanden vor allem nicht, wohin ich ging. In den Bergen sei es ruhiger. Eine Großstadt würde doch nur ablenken. So käme ich doch gar nicht dazu, zu schreiben. Warum würde ich nicht wenigstens in ein kleines Dorf gehen? Einfach irgendwo, wo nichts laufe.

Was mir in Berlin wieder einmal deutlich wurde: Verhält man sich entgegen den allgemeinen Erwartungen, ist man mit dezidierten Meinungen konfrontiert. Alle reden mit. Nicht, weil sie ein anderes Leben leben, das tun sie eh. Sie reden mit, weil sie es anders machen würden als ich. Lebt man das Leben so, wie man es selbst für richtig findet, und ist dies anders als die Mehrheit der Leute, wird man zur Modelliermasse für diese Mehrheit. Alle haben plötzlich eine dezidierte Meinung, was denn die beste aller Ideen ist. Was die große Masse tut, wird weniger hinterfragt, als was die Person tut, die aus der Reihe tanzt. Die große Gruppe Menschen, die über die Arbeit jammert, ständig ausgebrannt und erschöpft ist, wird nicht nonstop mit Ideen bombardiert. Wenn ich aber entscheide, etwas zu tun, das sich für mich richtig anfühlt, wie zum Beispiel das Leben an mehreren Orten oder das Schreiben in lauten Metropolen, und dies nicht ist, was die Mehrheit tut, muss ich meine Entscheidung verteidigen, sie erklären und mitunter Kritik dafür einstecken. Ich habe verschiedene Strategien entwickelt, um damit umzugehen. Einerseits habe ich akzeptiert, dass es so ist. Dass ich, wenn ich entgegen den Konventionen leben will, mit mehr Fragen und unerwünschten Ratschlägen rechnen muss. Es gehört dazu, Punkt. Mal gelingt mir dies mehr, mal weniger. Wenn Letzteres der Fall ist, greife ich in die Trickkiste, denn das Argument »Es macht mich glücklicher« überzeugt leider nicht alle. Vor allem nicht in einem Land wie der Schweiz, wo ein erfolgreiches Leben nie an der eigenen Zufriedenheit gemessen wird. Manchmal nutze ich deshalb eine Notlüge, wenn ich eine Entscheidung begründen muss. Will ich in Berlin an einem Roman arbeiten, sage ich, ich müsse es aus beruflichen Gründen so machen, und plötzlich nicken alle verständnisvoll. Nun könnte man mir vorwerfen, nicht zu meinem Lebensentwurf zu stehen. Ich hingegen finde: *Choose your battles*. Ich überlege mir immer genau, ob ich eine Diskussion führen will. Ob ich Zeit in das Argumentieren stecken will. Ich mache das auch davon abhängig, wer mein Gegenüber ist. Ich überlege, ob ich überzeugen kann, und vor allem, ob ich überzeugen will. Wenn ich es aussichtslos finde, greife ich eben in die Trickkiste.

Gleiches tue ich, wenn ich begründen muss, warum ich an einem bestimmten Tag oder Morgen keine Calls oder Meetings machen kann. Ich bin der Überzeugung, dass ich viel erleben muss, wenn ich gute Geschichten erzählen will. Ich muss nicht jede Erfahrung, die meine Charaktere in Filmen und Büchern machen, selbst durchlebt haben. Aber ich muss ihre Gefühle ansatzweise nachempfinden können. Dafür brauche ich Ideen und Inspiration. Ich muss Menschen treffen, andere Berufe kennenlernen, Rituale mitmachen, Traditionen erleben. Manchmal ist es ein Bargespräch, das als Grundlage für einen Roman dient. Manchmal ist es eine Ausstellung, die mich zum Nachdenken anregt. Vor allem die Morgen will ich nicht verplanen. Es ist mir klar, dass ich durch die Entscheidung weniger Zeit zum Arbeiten habe, aber so bin ich überzeugt, diese terminfreien Morgen sind einer der wichtigsten Gründe, dass ich grundsätzlich produktiv und effizient bin. Nun ist diese Arbeitsweise jedoch eher unkonventionell – und manche empfinden es gar als Affront. Ich verstehe, dass es einige ungerecht finden, dass ich mir eine Freiheit herausnehme, die sie sich nicht nehmen können. Sei dies, weil sie Kinder oder einen Job haben, der ihre Anwesenheit am Morgen bedingt. Ich habe jedoch erst mit der Zeit realisiert, dass es nicht meine Absenz ist, die sie ärgert. Alle haben schließlich

Stunden, in denen sie nicht verfügbar sind. Was sie aufreibt, ist meine Begründung, dass ich keinen Termin vereinbaren will, nicht weil ich nicht kann, sondern weil ich nicht will.

    Wenn ich also auf Unverständnis stoße oder keine langen Diskussionen auslösen will, sage ich manchmal, ich hätte andere Sitzungen und aus diesem Grund könnte ich morgens keine Termine wahrnehmen. Es ist gelogen, aber dann auch wieder wahr. Ich habe Termine, einfach nur keine von bezahlter Arbeit. Diese einzuhalten finde ich wichtig, auch wenn ich kein Honorar für diese Tätigkeiten kriege. Ich will meine Zeit nicht dafür aufwenden, mit anderen über die Verwendung meiner Zeit zu streiten, und solange ich niemandem damit schade, finde ich, darf ich entscheiden, wie ich meine Zeit einsetze.

Als ich an *Nino* schrieb, wohnte ich bei Lisa. Ich hätte mir auch eine Wohnung mieten können, aber sie bestand darauf, dass ich zu ihr kam. Sie sei beleidigt, wenn ich mir eine andere Unterkunft suchen würde, sagte sie und ich ließ mich nicht lange bitten. Ich liebte ihre Wohnung. Ich musste nicht befürchten, bei der kleinsten Bewegung etwas kaputt zu machen. Ich war in fünf Minuten zum Joggen auf dem Tempelhofer Feld. Und ich wohnte in der Nähe der *Kaffeebar Leuchtstoff*, wo die besten Cinnamon Buns der Stadt verkauft wurden.

    Es war Mitte Dezember, ein kalter, aber sonniger Samstag, ich war noch drei Tage in Berlin und saß bei Lisa auf dem Balkon. Wir hatten vor, ins Berghain zu gehen, wie man das gemäß Lisa eben macht, man geht am frühen Nachmittag, wenn die Tourist:innen in den Hotels auskatern und die Schlange kurz ist. Lisa drehte eine Zigarette, ich trank einen Tee mit »viel Schuss« und las den Abschnitt meines Romans vor, den ich in der vergangenen Woche geschrieben hatte. Ich liebte es, Lisa meine Texte vorzulesen. Sie hörte immer sehr konzentriert zu und fieberte mit den Figuren mit. Sie ist eine dieser Frauen, die mit Superlativen um sich werfen und vor Stolz fast platzen, wenn eine ihrer Freund:innen eine tolle Idee, Fähigkeit oder Erfolg hat. Als ich ihr einmal den Plot für eine Serie erzählte, schrie sie vor lauter Begeisterung das ganze Lokal zusammen. Nachdem ich das neue Kapitel vorgelesen und Lisa applaudiert hatte, gingen wir los. Wir fuhren mit der S-Bahn zum Ostbahnhof und stellten uns in die Schlange vor dem Club, die sich keinen Zentimeter bewegen sollte. Nach zwanzig Minuten gaben wir auf, und Lisa fragte einen Typen, den sie auf einer Party kennengelernt hatte, wo er gerade war. Er wollte mit seinen Freunden zu einer Ausstellung in der König Galerie. Wir kamen vom Regen in die Traufe. Wir standen abermals in der Schlange, dazu begann es zu nieseln. Als wir reingelassen wurden, waren wir nass und durchgefroren und hatten gerade noch zehn Minuten Zeit, bis die Galerie schloss. Wir bestaunten ein sich zur Musik bewegendes animiertes Bild an der Wand, dann wurden wir rausgejagt. Die nächsten Stunden stolperten wir von einer Bar in die nächste. Es war einer dieser typischen Berliner Abende. Draußen war es eisig kalt, man hetzte von einem Lokal ins andere, jammerte über die Temperaturen und lobte die warmen Kneipen. Es war einer dieser Abende, die keinen richtigen Plan verfolgten und gerade deshalb so schön waren.

Am nächsten Morgen, falsch, es war schon gegen 14 Uhr, als wir aufstanden, machten wir unser sonntägliches Kater-Ritual. Wir spazierten durch den Schillerkiez, weiter zum Reuterkiez und an die Pflügerstraße, wo wir uns in die *Pizzeria Gazzo* setzten. Lisa bestellte eine Marinara und ich eine Margherita mit extra Parmesan. Wir aßen die ersten Minuten schweigend, völlig ergriffen von der Tatsache, dass eine Pizza so unfassbar gut schmecken kann. Irgendwann fragte Lisa, was ich denn alles aufgeschrieben hätte. Auf meinen vielen Zetteln. Sie wusste, dass ich am Ende eines Jahres genau überlegte, wofür ich meine Zeit im nächsten Jahr hergeben wollte, dass ich verschiedene Listen schrieb und mein aktuelles Lebensmodell überprüfte. Was ich als Priorität fürs nächste Jahr sah, fragte sie mich. Ich musste nicht lange überlegen.

»Ich will eine Weile in Mexiko leben«, sagte ich.

Mexico City

Herzlich unwillkommen

Mexico City oder Mexiko-Stadt, was irgendwie niemand sagt, obwohl es die richtige Bezeichnung auf Deutsch wäre, war plötzlich in aller Munde. Noch ein paar Jahre zuvor kannte ich niemanden, der seinen Lebensmittelpunkt dorthin verlegte, plötzlich packten alle ihre Sachen und ließen sich in Stadtteilen namens Roma und Condesa nieder. Mexico City wurde zur Wahlheimat Nummer eins von Digital Nomads, und alle, die dort waren, schwärmten von den hübschen Vierteln und den freundlichen Leuten. Wenn ich erzählte, dass ich andere Städte zu meinem Zuhause machte, sagten mir ständig Leute, sie würden sich in Mexico City niederlassen, wenn sie die Chance hätten. Zuerst habe ich mich davon nicht beeinflussen lassen. Denn wenn etwas, sei dies ein Ort, eine Serie oder eine Show, einen riesigen Hype erfährt, bin ich erst mal misstrauisch. Ich glaube nicht, dass Schwarmdenken immer zum besten Resultat führt. Aber mit meinem Misstrauen wächst oft auch meine Neugier. Ich wollte herausfinden, was dran ist am ganzen Rummel. Da ich ohnehin mein Spanisch verbessern musste und mir Mexiko in kürzester Zeit von so vielen Menschen empfohlen wurde, wollte ich eine Weile in der Stadt leben.

Meine Mutter, die 1975 dort war, reagierte überrascht, als ich ihr verkündete, ein paar Monate in der *Ciudad de México* (CDMX) sein zu wollen. Die Kriminalität sei doch so hoch, sagte sie, und ich beruhigte sie, indem ich ihr von verschiedenen Leuten erzählte, die mir versicherten, dass das absolut kein Problem mehr sei.

»Es ist nicht, wie es mal war«, wiederholte ich mehrmals. Es sei vor fünfzig Jahren so gefährlich gewesen, aber jetzt sei das anders. Meine Quellen waren Leute, die dort hingezogen sind oder gerade im Urlaub waren. Und alle berichteten das Gleiche: »Es ist super sicher! Auch für eine junge Frau.« Am meisten stützte ich meine Behauptung auf eine junge Schweizerin, Lara, die seit der Pandemie im hippen Viertel Condesa lebte. Lara war Musikerin, und wir lernten uns durch einen gemeinsamen Freund kennen. Weil auch sie in den höchsten Tönen schwärmte und mir kurz danach sogar ein Zimmer im Gebäude, in dem sie wohnte, vermittelte, war für mich klar: Ich wollte für mindestens drei Monate in Mexico City bleiben. Dass ich so einfach zu einem WG-Zimmer kam, sah ich als Zeichen: Was so gut »beginnt«, kann nur gut sein.

Ich plante, den Frühling in Mexiko zu verbringen, und stieg an einem Abend im März aus dem Flieger. Es roch nicht wie in anderen lateinamerikanischen Ländern nach überreifen Früchten und dem beißenden Gestank von Abgasen. Mexikos Geruch war anders, irgendwie herber. Es roch nach scharfen Gewürzen und Schweiß. Ich nahm ein Uber zur Adresse, die ich von meiner neuen Mitbewohnerin, Sofía, bekommen hatte, und wartete auf dem Gehweg auf sie. Der Innenhof des Gebäudes lag hinter einem großen Metalltor. Mein neues Zuhause war ein historisches Juwel, über hundert Jahre alt und im europäischen Stil erbaut. Sofía schrieb, sie sei unterwegs, sie sollte bald da sein. Ich setzte mich auf meinen Koffer, der meinem Gewicht nicht wirklich standhielt, und schaute mich um: Vor dem Lokal neben dem Gebäude standen Leute Schlange. Das *Lardo* war gemäß Google Maps »ein hippes Lokal mit mexikanisch-europäischer Fusionsküche«. Es erinnerte mich an Brooklyn. Vielleicht auch deshalb, weil die Leute, die an den Tischen davor saßen, alle englisch sprachen. Nach zehn Minuten schwebte Sofía heran. Mir widerstrebt es, das Wort »schweben« zu benutzen. Wann immer ich es in einem Text lese, denke ich, wie unpassend dieser Begriff doch ist. Niemand »schwebt«, entweder man rennt, schleicht oder man geht eben, aber schweben, nein, das tut niemand. Außer Sofía. Sie war einerseits sehr schnell, fast gehetzt, andererseits ganz ruhig, ihre Bewegungen hatten etwas Leichtes. Sie flog durch die Gegend, als könnte sie die Gravitation umgehen. Sofía war zierlich, wirkte aber, als könnte sie es mit einem 200 Kilo schweren Türsteher aufnehmen. Sie hatte schwarze lange Haare und dicke Augenbrauen. Sie wolle eine »Monobrow«, erklärte sie mir, kaum hatten wir uns kennengelernt, »Wie Frida Kahlo!«. Sie trug dunkelroten Lippenstift, aber immer so, dass es aussah, als hätte sie ihn schon vor Tagen aufgetragen und nie richtig weggemacht. Sofía war Künstlerin, ein paar Jahre älter als ich, und weil sie lange in England gelebt hatte, sprach sie fehlerfrei Englisch. Mich beeindruckte ihr Instagram-Profil, es wirkte, als wäre kein Bild per Zufall, wo es war, als wäre die ganze Anordnung durchdacht und genau geplant worden. Abgesehen von ihrem Profil, das ich aufmerksam studiert hatte, und einem kurzen Zoom-Call wusste ich allerdings nicht viel von ihr. Aber sie war eine Freundin von Lara, und Lara wiederum eine Freundin eines Freundes von mir, also konnte diese neue Person nur nett sein. Sofía trug meinen Koffer die steile Treppe empor, was mir überhaupt nicht recht war, schließlich war sie einen halben Kopf kleiner und sicher zwanzig Kilo leichter als ich, aber sie ließ sich nicht davon abbringen, und ich traute mich nicht, ihr zu widersprechen. Ich war von der ersten Sekunde an eingeschüchtert.

Ihre, und für die nächsten Wochen auch meine, Wohnung war riesig. In meinem Zimmer stand ein großes Bett mit vielen Kissen darauf, daneben ein Pult und zwei große Schränke, der eine vollgestopft mit ihrem Kram, den anderen konnte ich für mich benutzen. Die Tür zu meinem Zimmer sollte ich immer schließen, betonte Sofía mehrmals, sonst käme die Katze rein, und das durfte sie nicht. Ihr Zimmer lag direkt neben meinem und war ähnlich ausgestattet. Statt zwei Schränke hatte sie nur einen und daneben einen Fernseher an der Wand. Im Bad stand eine dieser alten frei stehenden Badewannen mit Füßchen, daneben lagen überall Dosen, Tuben und Schminkutensilien. Die Ablagen und Schränke waren bis auf den letzten Zentimeter belegt. Das Wohnzimmer war ebenfalls riesig, und am anderen Ende des Raumes gelangte man in ein weiteres Zimmer, das ihr als Atelier für ihre Kunst diente. Der Grundriss der Wohnung war außergewöhnlich, er glich einem Hufeisen, was daran lag, dass früher der eine Teil von Angestellten benutzt wurde und der andere für die Familie, die darin wohnte. Von der Küche gelangte man in ein zweites Treppenhaus, das alle Wohnungen miteinander verband. Auch dies war ein Überbleibsel aus der Zeit, als reiche Familien Hausangestellte hatten, die für das Putzen, Kochen und Waschen zuständig waren. Es erinnerte mich an die »Queen Mary 2«, mit der ich einmal für eine Reisereportage den Atlantik überquerte. Wir Reisenden verkehrten in einem schicken, auf Hochglanz polierten Teil, und die Crew bewegte sich in einem fast so großen, aber grauen, unglamourösen Teil, in den man durch geheime Türen gelangte. Wir waren auf dem gleichen Schiff, saßen aber nicht im selben Boot.

Sofía streckte mir einen Wohnungsschlüssel hin, ermahnte mich erneut, dass ich die Tür zum Zimmer schließen sollte, und schwebte davon. Ich ging in mein Zimmer und begann meine Sachen auszupacken. Dass ich mich nicht wirklich ausbreiten konnte, wurde mir schon in der ersten Nacht klar. Alle Haken für Handtücher waren besetzt, jede Fläche im Bad war belegt. Ich hängte mein Tuch im Zimmer auf und stellte alle meine Badutensilien in den Schrank neben meinem Bett. Als ich halbwegs eingerichtet war, schlief ich erschöpft, aber unruhig ein. Irgendwie fühlte ich mich nicht wirklich willkommen, aber ich wollte nicht den gleichen Fehler machen und wegen unerfüllter Erwartungen frustriert sein.

Am nächsten Morgen wurde ich von einem Klopfen geweckt. Ich weiß nicht, wie lange schon an meine Zimmertür gepoltert wurde. Ich rollte aus dem Bett und öffnete die Tür. Sofía stand in ihrem Pyjama davor.

»Ein Erdbeben«, sagte sie und zeigte auf einen Blumentopf, der leicht wackelte.

Ich sei zu langsam gewesen, kritisierte sie. Jetzt würden wir es nicht mehr aus dem Gebäude schaffen. Wir sollten uns beide in unsere Türrahmen stellen und hoffen, dass nichts Schlimmes passiert. Mein Herz schlug mir bis zum Hals, ich stemmte mich gegen den Türrahmen, als könnte ich damit etwas aufhalten. Warum war sie nicht hereingekommen? Warum hatte sie mich nicht aus dem Bett gerissen? Nach zwei Minuten war der Spuk vorbei. Passiert ist »nichts«. Ich stand dennoch völlig unter Schock. Warum wusste ich nicht, dass Mexico City, wie mir Sofía nun erzählte, eine tickende Zeitbombe ist? Wieso hatte mir das niemand erzählt? Wieso habe ich mich nicht besser informiert? Ich verbrachte den Morgen mit einer ausführlichen Recherche und lernte, dass die Stadt eine tragische Erdbebengeschichte hatte. Bei einem Beben 1985 starben Tausende Leute und Zehntausende wurden verletzt. Im historischen Zentrum stürzten zahlreiche wichtige Gebäude ein, darunter das Juarez-Krankenhaus und das Allgemeine Krankenhaus. Eine Viertelmillion Menschen wurde obdachlos. 2017 gab es ein weiteres großes Erdbeben im Land, damals starben 369 Menschen, davon 228 in der Hauptstadt. Weil die Stadt auf dem Grund des ausgetrockneten Texcoco-Sees liegt und die lockeren Sedimente des ehemaligen Gewässers die Schockwellen verstärken, ist sie bei Erdbeben besonders gefährdet.

Ich schloss schnell mein Notebook. Jetzt war es ohnehin zu spät. Jetzt war ich schon hier. Zudem fühlte sich meine Angst seltsam und irgendwie auch falsch an. Ich war ja nur für ein paar Monate hier. Ich *lebte* nicht immer in der Stadt. Wenn Leute, die ihr ganzes Leben hier verbringen, mit dieser Bedrohung umgehen können, dann werde ich das auch können.

Ich entschied, joggen zu gehen. Sofía sagte, ich sollte nicht allein in den riesigen *Bosque de Chapultepec*, der nur ein paar Straßen von uns entfernt war, weil es zu gefährlich für mich sei, die viel befahrene Straße zu überqueren. Sie würde mich das nächste Mal mitnehmen und mir den besten Weg in den Park zeigen. Ich trabte also zwei Runden um den *Parque México* auf der Avenida Amsterdam, die durch einen kleinen Fußgängerweg in der Mitte geteilt und dank vieler Bäume ziemlich schattig war. Da ich gerade erst angekommen war und mich noch nicht auskannte, traute ich mich nicht, ohne Handy loszuziehen. Gewöhnlich jogge ich mit einem kleinen ansteckbaren Musikspieler, damit ich wenigstens für die Zeit, die ich laufe, ohne Handy bin. Aber mein Orientierungssinn ist nicht der beste, und wichtiger, als ein paar Minuten nicht erreichbar zu sein, war es mir, wieder nach Hause zu finden. Wirklich wohl fühlte ich mich dennoch nicht, denn Sofía warnte mich mehrmals vor Dieben. Es gäbe sogar solche, die »dir im Gehen das Handy aus der Hand reißen«. Ich dürfe nicht wie eine Touristin wirken, bläute sie mir ein. Eine Zwickmühle. Ich musste ständig nachschauen, wo ich langmusste, wollte aber nicht, dass man sieht, wie ich aufs Handy schaue, weil mich das natürlich als Touristin entlarvt hätte. Ich versuchte also, nicht jedem Impuls nachzugeben und meine Location auf

Google Maps zu checken, was dazu führte, dass ich nach meinen zwei Runden nicht zurück zur Wohnung, sondern zuerst einen Kilometer in die falsche Richtung lief.

An meinem zweiten Tag arbeitete ich eine Stunde in einem Café an meinem Laptop, bevor ich dort meinen Spanischlehrer traf. Für 350 Peso pro Lektion, was etwa 18 Euro entspricht, wollte ich dreimal in der Woche mit Rodrigo Konversation betreiben. Rodrigo hatte schon das Spanisch meiner Vorgängerin auf das nächste Level gebracht, eine Frau aus Los Angeles, die für drei Monate bei Sofía gewohnt hatte. Weil ich im Herbst des gleichen Jahres für ein Kunststipendium nach Buenos Aires gehen durfte, erschien es mir der richtige Zeitpunkt, mein Spanisch aufzufrischen. Was ich damals noch nicht ahnte, war, dass das Spanisch in Argentinien völlig anders klang als das, das ich in Mexiko lernte. Rodrigo lobte mein Spanisch und war überrascht, dass ich überhaupt Lektionen bei ihm nehmen wollte. Die meisten Ausländer:innen, ganz egal, wie lange sie schon in Mexiko wären, würden kaum auf Spanisch einen Kaffee bestellen können, sagte er.

Was Sprachen betrifft, bin ich nicht ganz so konsequent, wie ich gern wäre. Eigentlich bin ich der Meinung, dass es wichtig ist, die Sprache des Landes zu beherrschen, wenn man länger dort ist. Aber in Frankreich verhalte ich mich wie die meisten Expats in Mexiko. Weil es mir so unangenehm ist, etwas auf Französisch zu sagen, und weil ich weiß, dass entgegen dem hartnäckigen Vorurteil die meisten Leute in Paris Englisch sprechen, wechsle ich relativ schnell ins Englische, um mir keine Blöße zu geben. Mein Spanisch war aber im Gegensatz zu meinem Französisch einmal richtig gut. Als ich mit neunzehn für drei Monate in Caracas lebte, saß ich jeden Tag vier Stunden mit meiner Gastschwester im Auto. Die Fahrt vom Vorort, in dem wir lebten, ins Zentrum der Stadt hätte zwar nur dreißig Minuten gedauert, aber weil es immer so viel Stau gab, mussten wir schon um 5 Uhr morgens losfahren, wenn wir um 9 Uhr am Ziel sein wollten. Ein Wörterbuch auf dem Schoß, schlug ich jeden Satz und jedes Schimpfwort nach, das sie von sich gab, und lernte auf diesen Autofahrten fast fließend Spanisch. Dass ich so schnell besser wurde, lag aber nicht nur an den Privatstunden mit der Gastschwester: In Caracas sprach niemand Englisch. Wollte ich durchkommen, dann musste ich schleunigst Spanisch lernen. Nach drei Monaten und vielen Stunden im Stau träumte, fluchte und diskutierte ich, als hätte ich nie eine andere Sprache gesprochen. Man lernt schnell, wenn man keine andere Wahl hat. Leider verlernt man auch schnell, wenn man die Sprache kaum benutzt. Zwar war mein Spanisch laut Rodrigo *muy bien*, aber tiefgründige Gespräche konnte ich mit meinem Wortschatz nicht mehr führen.

Rodrigo und ich führten eine Stunde lang munter Konversation, aber als ich bezahlen wollte, konnte ich meinen Geldbeutel nicht finden. Er war weg. Wann er geklaut worden war, wusste ich nicht. Irgendwann in der Stunde vor meiner Spanisch-Lektion musste es passiert sein. Gemerkt habe ich nichts. Ich hatte meinen Rucksack gegen meinen Stuhl gelehnt, so wie ich das immer machte, er berührte sogar mein Bein. Jemand musste sich von hinten angeschlichen haben. Ich hatte das Geld für die ersten drei Stunden und noch etwas mehr, also insgesamt etwa 100 Euro, dabei. Was aber viel schlimmer als der finanzielle Verlust war, war zu wissen, dass ich beobachtet wurde. Wer so unbemerkt stiehlt, weiß, wie es geht. Rodrigo entschuldigte sich mehrmals für den Diebstahl, und ich erwiderte mehrmals, dass er doch absolut nichts dafürkönne. Ich fühlte mich furchtbar dumm. Ich schämte mich, dass ich nicht besser aufgepasst hatte. Ich war doch keine Anfängerin, was Reisen anging. Wie konnte ich nur so unvorsichtig sein?

Ohne Freunde keine Freiheit

Condesa, das Viertel, in dem ich wohnte, war ein Expat-Paradies. Überall gab es Restaurants mit irgendeiner Fusionsküche, Secondhandshops mit Batik-Shirts, Feinkost- und Bioläden. In einem dieser kleinen Shops kaufte ich ein paar Tage nach meiner Ankunft Dinkelflocken, Joghurt und Obst. Das Frühstück ändere ich eigentlich nie, ganz egal, wo ich gerade lebe. Ich mag es, wenn der Tag immer ähnlich beginnt, also mit Müsli und einem starken Kaffee. Ansonsten passe ich mich der Kulinarik des Landes an. In Paris bestand mein Mittag- und Abendessen oft aus Baguette und Käse, total klischiert, aber es war das, was mir am häufigsten aufgetischt wurde. In Berlin ließ ich mich von Lisa in jedes vegane Lokal der Stadt schleppen. In Mexico City gab es von Poké Bowls bis Tacos alles.

Meine Einkäufe stellte ich auf die Ablage in der Küche und schob alles in eine Ecke, wo schon ähnliche Lebensmittel waren. Am nächsten Morgen waren sie nicht mehr dort. Ich fragte Sofía, ob sie meine Sachen gesehen hatte, als sie ins Bad huschte. Sie rief mir zu, dass sie diese in den kleinen Schrank unter der Kaffeemaschine geräumt habe. Tatsächlich lagen meine Sachen ganz zuunterst. Sie lagen hinter ein paar Büchsen und Dosen an die Wand geschoben. Mir war egal, wo meine Dinkelflocken hingestellt wurden, aber langsam beschlich mich das Gefühl, hier nur geduldet zu sein, wenn ich nichts vom gemeinsamen Platz beanspruchte. Meine Schuhe, die ich beim Eingang abstellte, tauchten eines Tages in meinem Zimmer auf. Meine Jacke wurde ebenfalls vom Kleiderständer neben der Wohnungstür in meinen Schrank im Zimmer gehängt. Sofías Sachen waren in der ganzen Wohnung verstreut, ihre Schuhe und Jacken hatte sie direkt neben der Tür. Für mich galten anscheinend andere Regeln. Sofía sagte es mir nie direkt, aber mir war schnell klar, was mein Revier war: mein Zimmer und sonst nichts. Von meiner WG in der Schweiz war ich es gewohnt, dass ich meine Zimmertür die meiste Zeit offen ließ und ohnehin nur in meinem Zimmer war, wenn ich in Ruhe an meinem Schreibtisch arbeiten musste. War das nicht der Fall, hielt ich mich im Wohnzimmer oder in der Küche auf. Ich bin so aufgewachsen. Wir verbrachten die meiste Zeit alle im gleichen Raum, meine Eltern, meine Schwester und ich. Mit meinen Mitbewohner:innen war es später ähnlich. Setzte sich jemand ins Wohnzimmer, setzten sich die anderen dazu. Tagsüber waren alle Türen geöffnet, sie wurden nur nachts geschlossen, wenn man schlafen ging. Vielleicht ist es nur Gewohnheit, dass mir die geschlossenen Türen wie ein unausgesprochenes Verbot vorkamen, aber richtig wohl fühlte ich mich nicht.

Auch sonst fiel es mir in Mexico City schwer, mich willkommen zu fühlen. Dass ich die erste Zeit oft alleine war, war ich gewohnt, aber dass es sich auch nach einer Weile nicht änderte, war mir neu. Als Sofía und ich vor meiner Ankunft wegen meines Aufenthaltes telefonierten, erzählte sie mir von all den Orten, an die sie mich mitnehmen wollte. Nun war sie aber entweder in ihrem Zimmer oder mit Freund:innen unterwegs, ich bekam sie so gut wie nie zu Gesicht. Lara, die Schweizerin, die mir das Zimmer vermittelt hatte, habe ich die erste Zeit ebenfalls kaum getroffen. Wir sind uns einmal per Zufall im *Lardo* begegnet, als ich ein Blätterteiggebäck probierte, das alle so lobten. Sie sei meist so in ihrer Musik versunken, dass sie alles um sich herum vergesse, sagte sie. Auch Lara hatte vor meiner Ankunft mehrmals betont, was für eine tolle Clique sie im Gebäude hatte und wie sehr sie sich freute, mir all diese spannenden Menschen vorzustellen. Ankommen heißt abwarten, ermahnte ich mich selbst immer wieder. Ich würde mir schon noch einen Freundeskreis aufbauen können, ich brauchte vielleicht nur noch mehr Geduld als sonst, sagte ich mir. Und grundsätzlich mangelte es mir ja nicht an sozialen Kontakten. Ich hatte meine Freund:innen bei mir – wenn auch nicht physisch.

Wie wichtig Freundschaften sind, war mir schon früh bewusst. Aber je öfter ich weg war, desto stärker wurde dieses Gefühl und desto intensiver pflegte ich meine Kontakte. Nun klingt das vielleicht etwas erstaunlich, weil ich mich ja bewusst für einen Lebensstil entschied, der bedingte, dass ich einen großen Teil meiner Zeit an fremden Orten verbrachte. Ich hatte weniger Zeit, mit meinen langjährigen Freund:innen Dinge zu unternehmen. Ich war oft, und oft auch lange weg.

Als ich angefangen habe, die Hälfte des Jahres im Ausland zu leben, hatte ich Angst, dass sich mein Freundeskreis durch meine Reisen verändern würde. Meine Angst war berechtigt, wenn auch falsch. Mein Freundeskreis hat sich verändert. Die Menschen, die mir sehr wichtig waren, sind in all den Jahren noch wichtiger geworden. Wer jedoch davor nicht mehr als eine Bekanntschaft war, ist mit der Zeit ganz aus meinem Leben verschwunden. Das klingt brutal, ist aber eigentlich, so finde ich, gesund und richtig. Als ich noch in der Schweiz arbeitete und lebte, also abgesehen von ein paar Wochen Urlaub all meine Zeit am gleichen Ort verbrachte, gab es sicher zwei Dutzend Menschen in meinem Leben, die ich zwar mochte, aber nicht öfter als ein-, zweimal im Jahr treffen wollte. Weil ich aber sehr viele solche Personen kannte, gab es fast jede Woche einen Abend, den ich mit einer von ihnen verbrachte. Weil ich mich nicht traute, Nein zu sagen. Weil es Menschen waren, die schon ewig in meinem Leben waren. Weil ich mir nicht eingestehen wollte, dass wir der Freundschaft längst entwachsen sind. Weil ich diese Personen zwar mochte, aber dann auch nicht so sehr, dass ich eng mit ihnen befreundet sein wollte. Die Gründe, warum ich sie in meinem Leben hatte und mit ihnen Zeit verbrachte, waren unterschiedlich. Was aber immer gleich war, war, dass mich solche Abende massiv viel Kraft kosteten und ich danach oft darüber klagte, dass ich mich ausgebrannt und »sozial gestresst« fühlte.

Freundschaften zu beenden ist ein viel größeres Tabu,

als eine Beziehung zu beenden. Wenn ich erzähle, dass ich mir ganz bewusst überlege, wen ich in meinem Freundeskreis möchte, werde ich manchmal angeschaut, als würde ich etwas total Fieses sagen. Als wäre ich egoistisch und undankbar. Als würde ich es nicht zu schätzen wissen, wenn man mit mir befreundet sein will. Irgendwie wird es ungern gesehen, wenn man bei Freund:innen wählerisch ist. Als dürfte man Freund:innen nicht selbst aussuchen. Nicht wie bei Liebesbeziehungen, wo man ganz genau überlegt, wer zu einem passt. Freundschaften sind nicht selten Überbleibsel einer vergangenen Zeit. Und das kann auch total schön sein. Ganze Jahrzehnte an der Seite von Menschen zu verbringen und zu sehen, wie sie sich verändern und entwickeln, gehört zu den schönsten Beziehungen, die man haben kann. Auch ich bin mit den meisten meiner Freund:innen seit zehn, manchmal zwanzig oder sogar dreißig Jahren befreundet. Ich würde nie sagen, dass man eine Freundschaft leichtfertig aufgeben soll, im Gegenteil, ich glaube, dass Freundschaften genauso viel Einsatz verdienen wie Liebesbeziehungen. Ich bin aber eine große Verfechterin davon, sich ganz bewusst für Menschen zu entscheiden. Es ist ähnlich wie bei der Arbeit, die man verrichtet. Man muss sich Zeit nehmen, um zu wissen, wofür und für wen man sich Zeit nehmen will. Ich habe mir genau überlegt, wer diejenigen sind, für die ich alles stehen und liegen lassen würde. Sie sind nicht meine Freund:innen, weil sie einfach irgendwann da waren und nicht mehr gingen. Sie sind da, weil ich mich bewusst entschieden habe – und sie sich auch.

Wenn jemand sagt, er oder sie sei nicht gut im Pflegen von Freundschaften, tut mir das weh. Für die Menschen, die mit dieser Person befreundet sein wollen, aber vor allem für die Person, die das sagt. Ich kenne viele Expats, die kaum Kontakt zu den Leuten in ihrer Heimat haben, weil sie finden, sie hätten ja jetzt eine neue Heimat, ein neues Leben, ganz nach dem Motto »Aus den Augen, aus dem Sinn«. Sie wollen sich auf das Hier und Jetzt konzentrieren und an den Orten, die sie aktuell ihr Zuhause nennen, neue Bekanntschaften machen. Natürlich versuche auch ich, Menschen zu finden, mit denen ich in der jeweiligen Stadt Dinge erleben kann. Aber die Leute, die mit mir durchs Leben gehen, sind selten die Leute, die mit mir in der fremden Stadt um die Häuser ziehen. Ich muss meinen engsten Freund:innen nicht physisch nah sein, um mich verbunden zu fühlen. Ich muss sie auch nicht ständig hören. Mit einigen Freund:innen bin ich täglich in Kontakt. Von meiner Schwester würde ich sogar behaupten, fast immer zu wissen, was gerade ansteht und was sie tut – auch wenn ich in einer anderen Zeitzone und Tausende Kilometer entfernt bin. Aber sogar von den Freund:innen, mit denen ich weniger im ständigen Austausch bin – vor allem meine männlichen besten Freunde lassen sich nicht für regelmäßiges Sprachnachrichten-Hin-und-her-Schicken begeistern –, weiß ich, wenn gerade etwas Wichtiges ansteht.

Wie wichtig Freundschaften sind, ist sogar wissenschaftlich belegt. Wer alt werden will, muss sich weniger um seine Gesundheit als um seine zwischenmenschlichen Beziehungen kümmern. Nichts ist so schädlich, wie keine sozialen Kontakte zu haben. Je öfter ich verreiste und je länger ich weg war, desto mehr schätzte ich meine Freundschaften. Zu wissen, dass es irgendwo auf der Welt Menschen gibt, die sofort in den Flieger steigen würden, um bei mir zu sein, wenn es denn nötig wäre, dieses Wissen macht das Verreisen deutlich schöner und die erste Zeit an einem neuen Ort um ein Vielfaches leichter.

Schwindlig vor Angst

Eine Woche bevor ich nach Mexiko flog, traf ich die Chefredakteurin einer Schweizer Zeitschrift zum Kaffee, und sie erzählte, dass sie schon vor einiger Zeit eine beeindruckende Fotoreportage aus Mexiko bekommen hätten, aber ihnen noch der Text dazu fehlte. Eigentlich arbeitete ich zu dieser Zeit kaum noch als Journalistin – in Mexiko musste ich an einem Drehbuch arbeiten, außerdem wollte ich mein Spanisch aufbessern –, aber irgendwie hat es mich gereizt, diese Reportage zu schreiben. Wieder einmal ein kürzerer Text ist vielleicht eine gute Abwechslung, dachte ich. 16 000 Zeichen sind natürlich nicht wirklich kurz, aber im Vergleich zu einem Buch ein Klacks. Die Fotos waren von Marta, einer mexikanischen Fotografin, die über mehrere Jahre ein älteres Paar mit der Kamera begleitete, deren Tochter entführt worden war.

Kaum war ich in Mexiko, rief ich Marta an, die mir sogleich mehrere Kontakte heraussuchte und den Vater der vermissten Frau fragte, ob wir vorbeikommen dürften. Als sie für den Frauenstreik in die Hauptstadt kam, verabredeten wir uns in einem Café. Marta war gleich alt wie ich und wollte mich unbedingt zum Bouldern mitnehmen, obwohl ich ihr mehrfach versicherte, dass ich null Muskeln in meinen Oberarmen hatte, die fürs

Klettern notwendig wären. Sei alles eine Frage der Technik, sagte sie. Sie hatte ein lautes Lachen und eine angenehme, warme Stimme.

Die Geschichte, die sie mit ihren Fotos dokumentierte, war eine der schlimmsten, die ich je hörte: Im Mai 2011 fuhr eine junge Frau von Xico nach Xalapa, einer Stadt im Osten des Landes, im Bundesstaat Veracruz. Sie war auf dem Weg zu einem Vorstellungsgespräch. Ein paar Stunden nachdem sie losgefahren war, erhielt ihr Vater einen Anruf. Er hörte seine Tochter im Hintergrund schreien und weinen. Das Bewerbungsgespräch hatte nie stattgefunden, es war ein Fake, ein Lockmittel. Seine Tochter wurde entführt. Die Kidnapper forderten eine Million Peso. Das sind gut 50 000 Euro. Zwei Stunden bekamen die Eltern Zeit, das Geld zu beschaffen. Sie konnten 40 000 Peso, also circa 2000 Euro, auftreiben. Ihre Tochter sahen sie nie wieder.

Die Eltern gingen zu den Behörden in Veracruz, sie meldeten das Verschwinden ihrer Tochter, man sagte ihnen, man werde Ausschau halten. Passiert ist viele Jahre nichts. In seiner Verzweiflung stellte sich der Vater mit einem Plakat vor die lokale Polizeistation. 2016, also fünf Jahre nach dem Vorfall, erbarmte sich jemand von der Wache und händigte ihm ein Dossier aus. Darin stand, dass drei Monate nach dem Vorfall die Leiche einer jungen Frau gefunden wurde. Sie lag in einem Plastiksack in einem Straßengraben in Xalapa. Die DNA, die man entnommen hatte, konnte der Tochter zugeordnet werden. Die Polizei wusste, um wen es sich bei der gefundenen Leiche handelte. Sie wusste, dass die Tochter längst tot war, sie hatten einfach fünf Jahre lang »vergessen«, die Eltern darüber zu informieren.

In der Akte war vermerkt, in welchem Massengrab in Veracruz die junge Frau beerdigt worden war. Das Grab wurde ausgehoben, aber darin lag keine weibliche Leiche. Die Suche ging erneut los. Eine Spur führte an eine private Universität. Dorthin wurden mehrere Leichen als Übungsobjekte für Medizin-Studierende verkauft. Gut möglich, dass darunter auch die vermisste Tochter war. Gewissheit gab es aber nie.

Diese Geschichte per se ist schon schlimm genug, dass sie nur eine von vielen war, macht es noch tragischer. Seit 1964 werden in Mexiko die Entführungen offiziell gezählt, im Mai 2022 wurde die 100 000-Personen-Marke überschritten. Das ist aber nur die Zahl der Regierung. Marta sagte mir, in Wirklichkeit sei alles noch viel schlimmer. Man spreche von rund 400 000 Vermissten. Hilfe von der Justiz bekommt man in Mexiko keine. Wer jemanden verloren hat, hat verloren. Man ist auf sich allein gestellt. 98 Prozent der Fälle wurden nie aufgedeckt – und somit nie bestraft. Praktisch nie tauchen die Vermissten lebendig wieder auf, sondern verscharrt in einem Loch oder in einem Massengrab. Die Suche nach den Leichen unternehmen die Eltern und Angehörigen auf eigene Faust, denn die mexikanische Regierung will nicht, dass die Zahl der Todesopfer hoch ist. Das würde dem Image des Landes schaden.

Nach dem Treffen mit Marta war ich total erschlagen. Ich verschanzte mich in meinem Zimmer, was ich ohnehin tat, wenn ich in der Wohnung war, und recherchierte weiter. Je mehr ich las, desto schwerer fiel es mir, weiterzulesen. Am liebsten hätte ich aufgehört und der Chefredakteurin gesagt, dass ich diese Reportage nicht schreiben könnte. Getan habe ich das natürlich nicht. Einerseits hat mich meine journalistische Haltung daran gehindert, aufzugeben, und andererseits kam das gleiche Gefühl wie schon beim Erdbeben hoch: Wenn andere ihr ganzes Leben mit dieser Angst und diesem Thema umgehen können, werde ich es wohl die paar Wochen schaffen, die ich hier bin!

Die kommenden Tage beschäftigte ich mich mit meiner Reportage. Die Geschichten, die ich las und die ich in meinen Interviews mit Betroffenen erfuhr, ließen mich nicht mehr los. Ich konnte an nichts anderes denken, und wenn ich jemanden traf, völlig egal, ob Expats oder Einheimische, redete ich über das Thema. Dabei stieß ich auf unterschiedliche Reaktionen: Expats sagten mir entweder, dass sie nichts davon wussten, oder wenn sie schon mal davon gehört hatten, fanden sie, dass es ein entferntes Problem war, aber nichts, was uns hier in der Stadt beunruhigen sollte. Sie hatten nicht ganz unrecht. Die Hauptstadt galt tatsächlich als ziemlich sicher, weil die Anführer der Kartelle und kriminellen Banden ihre Kinder hier zur Schule schickten und deshalb dafür sorgten, dass nichts Schlimmes passierte. Aber auch wenn die Stadt als »ziemlich« sicher galt, störte es mich, dass viele Ausländer:innen nichts von dem Thema wissen wollten. Sprach ich Einheimische darauf an, wussten alle Bescheid, schauten mich aber überrascht an. Über das Thema spricht man selten, sagte mir am nächsten Morgen Sofía, um mir dann in den nächsten zwei Stunden von Entführungen, Überfällen und Ermordungen zu erzählen. Ähnlich war es ein paar Tage später, als ich zusammen mit Marta und zwei ihrer Freundinnen bouldern ging. Als wir danach zusammen in einem Café saßen, erzählten sie mir ihre Geschichten und die Geschichten ihrer Freundinnen, Mütter, Tanten und Schwestern. Eine der Frauen bedankte sich am Ende sogar, es habe ihr gutgetan, einmal darüber zu reden. So geschmeichelt ich mich fühlte, so erschöpft war ich.

Je länger ich in Mexiko war, desto schlechter schlief ich. Meine Träume handelten alle von den tragischen Geschichten, die ich hörte. Oft wachte ich schweißgebadet auf und konnte dann lange nicht wieder einschlafen. Erzählt habe ich das in Mexiko niemandem. Es kam mir unangemessen vor, dass ich mit einer Sache nicht umgehen konnte, die mich nicht mal direkt betraf. Ich fühlte mich wie ein Weichei und als könnte ich die Schönheit des Landes nicht schätzen. Mir war, als wäre ich undankbar, weil ich mich nur auf die negativen Seiten konzentrieren konnte.

Ich entschied, mich abzulenken, es brachte schließlich niemandem etwas, wenn ich mich so von dieser Reportage vereinnahmen ließ, und buchte eine Salsa-Privatstunde. Mein Tanzlehrer war ein molliger älterer Mann, der mich mäßig enthusiastisch über die Tanzfläche schob. Ich hatte schon in anderen Ländern Tanzstunden genommen und konnte mich nicht erinnern, dass mir bei den Drehungen je so schwindelig wurde. Ich fixierte, wie ich das gelernt hatte, einen bestimmten Punkt im Raum, wenn ich mich um die eigene Achse drehte, und trotzdem drehte der Raum danach noch deutlich länger weiter. Ich dachte, dass ich einfach aus der Übung bin, und buchte fünf weitere Lektionen.

Am nächsten Morgen traf ich Rodrigo, meinen Spanischlehrer, und sprach mit ihm über die Entführungen und das Nicht-Handeln der Regierung. Ich wollte mich zudem mit ihm auf das Gespräch mit den Eltern der vermissten Tochter vorbereiten, die kein Wort Englisch sprachen. Rodrigo erzählte mir ebenfalls »seine« Geschichten. Die Gegend, in der er wohne, gelte als sehr gefährlich, sagte er, und von zwei seiner Nachbarn wüssten alle, dass sie »krumme Dinge drehen«. Aber niemand würde etwas dagegen tun. Man wolle nicht selbst drankommen. Er erzählte mir von einem Onkel, der in seinem Haus erschossen wurde, und einem Freund, der seit Jahren als vermisst gilt. »Aber hier in Condesa ist es anders«, versuchte er mich zu beruhigen. Man wolle nicht, dass den Ausländer:innen etwas passiere. Das würde zu viel Staub aufwirbeln. »Dafür sind hier auch die Preise so hoch, dass sich die Einheimischen keinen Kaffee mehr leisten können«, fügte er hinzu. Es war nicht das erste Mal, dass er so eine Bemerkung machte. Weil die Innenstadt zum Expat-Paradies wurde, seien die Preise gestiegen. Dass die Stadt zweigeteilt war, fiel mir auch auf, als ich mit Sofía an einem Sonntag in ein Lokal außerhalb des Zentrums ging. Das Lokal hatte keinen Namen und war nur am Sonntagnachmittag offen. Sie verbot mir, den Ort in meiner Instagram-Story zu teilen. »Sonst kommen alle hierher! Ich will, dass es ein Geheimtipp bleibt«, erklärte sie. Für uns Ausländer:innen war es vergleichsweise auch in den hippen Stadtteilen noch sehr günstig, für die Einheimischen aber unglaublich teuer. Rodrigo würde nie einen Cappuccino bestellen, müsste er ihn selbst bezahlen, sagte er und lachte. Dann wurde er wieder ernster. Er fand es keine gute Idee, dass ich dieses Interview führen wollte. Das sei viel zu gefährlich. Ich musste dafür drei Stunden mit dem Auto in den Südosten des Landes fahren, nicht alleine, Marta würde mitkommen. Aber trotzdem, das sei gefährlich, sagte er mehrfach. Es sei schon gefährlich, dass ich in einem Café über dieses Thema reden würde. Man wisse nie, was die Leute, die im Service arbeiten, noch für ein »Side-Business« hätten, sagte er. Mir kam beinahe mein Kaffee hoch: Ich habe *immer* an öffentlichen Orten über das Thema geredet. Außer vielleicht mit Sofía in der Wohnung. Aber sonst habe ich ja alle draußen oder in Restaurants und Cafés getroffen. War ich deshalb in Gefahr?

An diesem Abend ging ich mit Lara, der Schweizer Musikerin, und einer anderen Schweizerin, die gerade im Land war, zu einer Hausparty eines Bekannten von ihnen. Die Gäste waren allesamt Expats. Einige stammten aus den USA, manche kamen aus Norwegen, andere aus Deutschland und wieder jemand anderes aus der Karibik. Eine Norwegerin erzählte mir, dass sie sich hier in Mexiko nur um sich kümmern wollte, »Self-Healing« sagte sie mehrfach, ihr »inneres Kind« pflegen. Dank der erschwinglichen Preise konnte sie von ihrem Ersparten leben. Außerdem überlegte sie, Land zu kaufen und sich so ein »passives Einkommen« zu generieren. Der Amerikaner pendelte zwischen LA und CDMX, weil er einfach den Vibe hier »cooler« fand. Und natürlich auch, weil es so viel günstiger war.

»Los Angeles ist sündhaft teuer geworden«, sagte er und alle nickten. Auf dem Balkon wurde ein Joint hin und her gereicht, und in der Küche wurden Gin Tonics gemixt. Ich versuchte, Small Talk zu betreiben, und ließ mir Tipps für Salsa-Partys und Taco-Imbisse geben. Eigentlich bin ich geübt und gut in solch lockeren Unterhaltungen, aber nun kam mir alles so falsch vor. Wie konnten hier alle so sorglos sein? Aber sie hatten auch die letzten Tage nicht mit einer Recherche zu Entführungen verbracht, ermahnte ich mich. Sie hatten einen anderen Blick aufs Land. Nach zwei Stunden gab ich auf. Ich war nicht in Partylaune und entschied, nach Hause zu gehen. Lara kam mit, ihre Freundin wollte noch bleiben. Ob sie die Adresse fürs Taxi habe, fragte Lara. Die Freundin nickte, sie habe die Adresse, aber sie werde später zu Fuß gehen. »Wenn ich bekifft bin, gehe ich gerne an der frischen Luft nach Hause.« Ich schaute sie entgeistert an, es war schon kurz vor Mitternacht. »Bist du sicher?«, fragte ich nach. »Ich weiß nicht, ob du jetzt noch zu Fuß gehen solltest.« Sie lachte. Sei doch total safe hier.

Als ich am nächsten Tag von meiner Tanzstunde nach Hause lief, war mir erneut schwindelig. Ich schob es auf die Drehungen. Und die Hitze. Außerdem hatte ich wie schon die Nächte zuvor schlecht geschlafen. Erst ein paar Tage später realisierte ich, dass es nicht an den Drehungen oder den Temperaturen lag. Mir war schwindelig vor Angst. Mir gelang nicht, was mir sonst als Journalistin recht gut gelang: Ich konnte mich nicht abgrenzen. Sonst konnte ich über die schwierigsten Themen schreiben und berichten, aber immer mit dem nötigen Abstand. Manche Geschichten machten mich traurig oder wütend. Aber ich konnte immer eine klare Grenze zwischen mir als Journalistin und mir als Privatperson ziehen. Diese Grenze war in den letzten Wochen verschwunden, vielleicht, weil ich eigentlich als Privatperson, nicht als Journalistin hier war.

Das vielleicht größte Privileg

Fünf Tage vor der Fahrt nach Veracruz sprach ich mit meiner Mutter. Wir hatten regelmäßig Kontakt, wenn ich weg war, aber oft beschränkte er sich auf WhatsApp-Nachrichten oder Fotos von meinem Neffen.

    Ich öffnete Zoom, das Gesicht meiner Mutter erschien zuerst unscharf, dann immer klarer auf meinem Bildschirm. Es war schon spätabends bei ihr, ich kam gerade vom Joggen zurück. Wir sprachen über meinen Neffen, first things first, dann über meine Zeit in Mexiko. Meine Mutter hatte sich an meinen nomadischen Lebensstil gewöhnt, oder besser gesagt: gewöhnen müssen. Immerhin verbrachte ich nun schon das dritte Jahr die Hälfte meiner Zeit im Ausland. Sie freute sich für mich, dass ich meine Abenteuerlust ausleben konnte, aber wenn sie wählen könnte, hätte sie es am liebsten, wenn ich einen Steinwurf von ihr entfernt gelebt hätte. Dass ich oft lange weg war, war nicht einfach für sie. Und das Wissen, dass es so für sie war, machte es wiederum für mich nicht ganz einfach. Die erste Zeit hatte ich oft ein schlechtes Gewissen. Ich kreiste um die immer gleichen Fragen: War ich eine Rabentochter, weil ich diesen Lebensstil wählte? War ich undankbar, dass ich nicht war, wo ich herkam? Ich schätzte meine Heimat, aber schätzte ich sie zu wenig?

    Ich erzählte meiner Mutter von meiner Recherche. Von den Geschichten, die ich gehört hatte, und von dem Plan, für ein persönliches Treffen mit den Eltern der Vermissten aufs Land zu fahren. Je länger sie mir zuhörte, desto gequälter wirkte sie. Es war nicht das erste Mal, dass sie sich Sorgen um mich machte. Aber im Gegensatz zu anderen Malen verstand ich sie. Früher hatten wir oft Streit, weil sie von mir verlangt hatte, dass ich ständig Nachrichten schicke, weil sie Angst um mich hatte. Angst, die ich für total übertrieben hielt. Dieses Mal aber konnte ich sie nachvollziehen. Sie war ja auch nicht die Einzige, die sich sorgte. Alle, die von meinem Vorhaben wussten, hatten mich gewarnt. Alle sagten, dass es zwar »sicher gut gehen würde«, aber dass ich »wirklich gut« aufpassen müsse.

Nachdem wir uns verabschiedet hatten, rief ich Marta an und fragte sie, ob wir das Interview auch per Zoom führen könnten. Kein Artikel der Welt war es wert, dass meine Mutter sich solche Sorgen machte. Sie verbot mir nicht, zu gehen, das würde sie nicht tun, immerhin war ich 33 Jahre alt. Aber ich musste nicht dorthin, um die Geschichte erzählen zu können. Ich musste auch nicht dorthin, um mir zu beweisen, dass ich eine pflichtbewusste Journalistin war. Ich musste nicht so tun, als würde mir das alles nichts ausmachen. Die Eltern der vermissten Frau waren sogar erleichtert, dass wir nicht persönlich vorbeikamen. Sie hätten schon so viele Medien empfangen, doch kein Text hätte ihre Tochter zurückgebracht. Es war ihnen gerade recht, dass ich nicht auch noch kommen wollte.

Die Angst wegen der Fahrt aufs Land war weg, aber der Schwindel blieb. Dieses konstante Unbehagen. Dieser Druck. Ich wachte oft mit Kopfschmerzen auf, meine Schultern waren ständig verkrampft. Einige Interviewpartner:innen für die Reportage sagten mir, es müsse zuerst nochmals schlimmer werden, bevor sich etwas ändern könnte. Andere sagten, sie seien am Tiefpunkt angelangt, aber Besserung sei nicht in Sicht. Mir war bewusst, dass es der Situation nichts half, wenn ich mitlitt und sie so nah an mich ranließ. Ändern konnte ich es dennoch nicht. Ich fand es außerdem schwierig nachzuvollziehen, dass andere Expats so weit weg von dieser Realität waren, obwohl sie am gleichen Ort wohnten. Sie ignorierten diese Seite des Landes. Manche fanden sogar, ich würde ihnen den Spaß verderben, wenn ich davon sprach. Ich müsse mich abgrenzen können.

Eines Abends, nachdem ich meine Kosmetikartikel und das Frottiertuch vom Badezimmer zurück in mein Zimmer getragen hatte, kam mir das erste Mal ein Gedanke, der die Tage danach immer lauter wurde: Soll ich einfach gehen? Ich fühlte mich immer noch nicht richtig willkommen, geschweige denn angekommen. Sofía war zwar stets freundlich zu mir, aber im gemeinsamen Raum war ich nur geduldet, nicht erwünscht. Ich sah sie kaum, noch seltener traf ich Lara. Die meiste Zeit verbrachte ich mit den Freundinnen von Marta, drei Mexikanerinnen, die ebenfalls Fotografinnen waren. Diese Frauen mochte ich sehr, aber es war nicht die gleiche Verbundenheit, die ich beispielsweise mit Laura und Nadine spürte. Ich hatte meine Cafés, die ich mochte und in denen ich an meinen Texten schrieb: das *Milou* in Condesa und das *Nin* in Juárez. Ich wusste, wo es die besten Sandwiches gab: im *Bakers*, das praktischerweise nur drei Minuten von meiner Wohnung entfernt lag. Und wo man hinfahren musste, wenn man spätabends noch Tacos essen wollte: in die *Taquería Orinoco* in Roma Norte. Ich ging für ein Konzert ins *House of Vans* und zu einer

Party im *Teatro Lucido*, wo in einem verwinkelten Haus zwischen herunterhängenden Pflanzen und Puppen um Mitternacht ein modernes, in meinen Augen merkwürdiges Theaterstück gezeigt wurde. Ich lebte kein schlechtes Leben, und ich verstand auch, warum so viele Menschen die Stadt zu ihrer Wahlheimat machten, von ihr schwärmten und sie lobten, aber ich gehörte nicht dazu. Nicht mit dem Wissen, das ich hatte. Nicht mit den vielen tragischen Geschichten, die ich kannte.

Ich zögerte. Noch nie war ich früher als geplant abgereist. Ich zog es schlicht nie in Erwägung. Es gab in jedem Land und auf jeder Reise Momente, die schwierig waren, aber deshalb heimzugehen, nein, das kam nicht infrage. Dafür war ich zu stolz. Oder zu zäh. Ich hatte während all der Aufenthalte gelernt, stark zu sein, und die Zelte abzubrechen deutete ich als Schwäche, als Kapitulation. Das passte nicht zu mir. Ich war doch kein Weichei! Ich konnte gar keins sein. Ist man als junge Frau allein an einem fremden Ort, muss man sich eine dicke Haut zulegen. Ich konnte nicht wegen der ersten Enttäuschung aufgeben. Ich war geübt im Aushalten. Ich war es auch gewohnt, unangenehme und heikle Situationen zu meistern. Früher als geplant nach Hause zu gehen, fühlte sich an wie Betrug. Als würde ich die fremde Heimat nicht wertschätzen, als würde ich meinen gewählten Lebenswandel hintergehen. Ich verspürte bei dem Gedanken daran auch die Scham, die ich schon mehrmals verspürt hatte in diesen Wochen: Andere leben schließlich immer hier, sagte ich mir, sie müssen schon seit Jahren und Jahrzehnten mit diesen schwierigen Themen klarkommen.

Zwei Tage später kam ich von der Salsa-Lektion nach Hause. Ich hängte meine Jacke in mein Zimmer und stellte die Schuhe in den Schrank. Ich legte mich kurz aufs Bett, weil mir erneut leicht schwindelig war. Vielleicht ist es auch gar nicht stark, stark zu bleiben, überlegte ich. Und auch wenn es so wäre: Vielleicht ist es an der Zeit, schwach zu sein. Vielleicht ist aufgeben zu können das größte Privileg, das ich habe.

Ich ging in die Küche, wo sich Sofía einen Tee machte. »Wie gehst du mit der Angst um?«, fragte ich. Sofía rührte in ihrer Tasse, drei kleine braune Holzstücke schwammen darin. Valerian hieß der Tee, er beruhigte und half beim Einschlafen. Ich habe ihn einmal probiert und danach nie wieder getrunken. Er schmeckte, als hätte man einen alten Wandersocken im Mund. Mexikaner und speziell Mexikanerinnen seien Profis darin, die Angst zu unterdrücken, sagte Sofía. Anders würden sie gar nicht durch den Alltag kommen. »Wir können uns nicht vor Augen führen, was wirklich um uns herum passiert.« Vielleicht sei das aber auch ein Grund dafür, dass sich nichts ändere. Alle würden wegschauen. »Wir sind abgestumpft«, sagte sie und schob hinterher: »Du nicht.«

Am nächsten Tag buchte ich mein Flugticket um. Die Entscheidung fiel mir nicht leicht. Ich fühlte mich wie eine Verräterin. Als hätte ich nicht verstanden, was alle anderen verstanden. Als hätte ich das Tolle, Aufregende, Schöne an Mexiko nicht erkannt. Als hätte ich den Hype nicht begriffen. Aber das stimmt nicht. Ich habe das Gute gesehen. Ich hatte einfach noch anderes wahrgenommen und konnte nicht damit umgehen.

An meinem letzten Wochenende ging ich am Nachmittag mit meinen drei Fotografinnen-Freundinnen nach

Coyoacán. Auf der Terrasse des *Mesón Antigua Santa Catarina* tranken wir Weißwein, sie aßen *Enchiladas Suizas* – weiche Tortillas mit einer Käse-Hähnchen-Füllung und einer weißen Soße –, und ich bestellte zum vielleicht fünfzigsten Mal seit meiner Ankunft ein paar Tacos. Am Abend gingen wir in die *Santo Hand Roll Bar* in Roma Norte und mir wurde das vielleicht beste Sushi meines Lebens serviert. Den Abschluss machten wir im *Las Brujas*, einer schicken Cocktailbar. Es war ein versöhnlicher, guter Abschied von einer Stadt, die sich nie wie ein Zuhause anfühlte, die mir aber mehr als jeder andere Ort die Bedeutung von Heimat beibrachte.

Buenos Aires

Plötzlich Millionärin

Auf meinem Tisch lagen Berge von Geldscheinen, rund 120 000 Argentinische Peso in kleinen Bündeln aufeinandergestapelt, die ich soeben in der Western Union Filiale von Palermo Soho abgeholt habe. Verschiedene Leute hatten mir gesagt, dass dies die beste Variante war, um die einheimische Währung zu erhalten. Ich schickte mir also online dreihundert Schweizer Franken, schaute auf Google Maps, wo die nächste Filiale war, und zog los. Die Frau hinter dem Schalter erklärte mir freundlich, dass sie für heute schon alles Bargeld ausgegeben habe. Bei der nächsten Filiale, die einem Reisebüro glich, wurde ich ebenfalls abgewiesen. Und nochmals eine Filiale weiter klebte ein Zettel an der Tür, auf dem stand, dass man gerade »No Cash« habe. Ich musste zur Hauptfiliale in Palermo Soho. Vor dieser hatte man mich zwar gewarnt, man müsse oft ewig lange anstehen, aber was blieb mir anderes übrig? Ich wartete über eine Stunde in der Schlange, bis ich an der Reihe war. Die Frau hinter der Glasscheibe prüfte meinen Pass und meine Angaben, und weil sie keine großen Scheine mehr hatte, schob sie mir mehrere Bündel 100-Peso-Noten durch die kleine Luke. Ich stopfte das Geld in meine Handtasche und ging im Stechschritt zurück zu meinem Airbnb.

Im Gegensatz zu Mexico City fühlte ich mich in Buenos Aires ziemlich sicher, aber so viele Geldscheine hatte ich noch nie bei mir gehabt. Ich tat mein Bestes, nicht aufzufallen, aber ich bezweifle, dass ich besonders unauffällig war. Ich hetzte durch die Straßen, als wäre ich auf der Flucht. Zurück in Palermo Hollywood, sank ich erschöpft auf den harten Holzstuhl, der am Tisch stand. Ein Sofa hatte mein kleines Studio nicht. Es war eher minimalistisch eingerichtet: Ein Bett, eine winzige Küche mit einem Tisch und zwei Stühlen, ein Sessel, eine große Fensterfront. Das Badezimmer passte nicht zum Rest der Einrichtung. Es war riesig und luxuriös. Neben der Toilette stand ein Bidet, was, wie ich in den kommenden Wochen feststellte, nichts Außergewöhnliches war. Auch wenn ein Bad winzig war, ein Bidet fand man in Argentinien immer vor.

Bevor ich die vielen Bündel in meinem Koffer unter einigen Kleidern versteckte, machte ich ein Foto von dem Geldberg und schickte es meinem besten Freund in der Schweiz. Als ich auf die Sendetaste drückte, fühlte ich mich merkwürdig. Ich verschickte ein Bild von Banknoten? *Who am I?* Aber diesen Moment nicht zu teilen, wäre ebenfalls eigenartig gewesen. Die ganze Angelegenheit mit dem Geld war eigenartig. In Argentinien gab es zwei Wechselkurse. Den offiziellen und den inoffiziellen, den Dollar Blue, der aber ebenfalls irgendwie offiziell war. Man war nicht kriminell, auf diese Art Geld zu wechseln. Es wäre eher seltsam gewesen, es nicht zu tun. Wer ganz gewöhnlich Geld bei der Bank abhob, bekam weniger als die Hälfte der Summe, die man für den gleichen Betrag mit dem anderen Wechselkurs, der »Blue Rate«, bekam. Alle Einheimischen schärften mir gleich zu Beginn ein, nichts, wirklich gar nichts mit der Kreditkarte zu bezahlen.

Ich war schon seit zwei Wochen in der Stadt, als ich das erste Mal allein Geld holte. Meine ersten Scheine wechselte mir das Hostel, in dem ich die ersten Tage wohnte, danach tauschte ein Freund eines Freundes mein Geld ein. Ob er die Dollarscheine selber einsteckte oder sie umtauschen ließ, weiß ich nicht. Gut möglich, dass er sie für sich behielt. Alle versuchten, an Dollars oder Euro zu kommen, denn die argentinische Währung wurde täglich schwächer. Überall auf der Welt klagte man nach der Pandemie über die Inflation. In vielen Ländern stiegen die Preise um ein paar Prozent, und die Zeitungen druckten Hunderte Berichte darüber. Aus argentinischer Sicht waren das »Babyprobleme«. Allein in den drei Monaten, die ich in der Stadt lebte, stieg die Inflation um zehn Prozent. Als ich ankam, erhielt ich für einen Schweizer Franken rund 290 Peso. Als ich ging, bekam ich für die gleiche Summe 350 Peso. Der Preis für eine Empanada musste wöchentlich angepasst werden, die Menükarten in Restaurants wurden ständig mit Filzstift überschrieben. Drei Monate nach meiner Abreise knackte die jährliche Inflationsrate die Hundert-Prozent-Marke. Die wirtschaftliche Situation des Landes war miserabel. Folglich wurde der Lohn immer sofort ausgegeben, ihn anzulegen wäre kompletter Humbug gewesen. Viele versuchten, ihr Erspartes in US-Dollar zu retten. Doch die waren knapp, denn der Staat hatte den Umtausch beschränkt und brauchte seine Reserven selbst. Mich erstaunte und beeindruckte, wie die Argentinier:innen, die ich kennenlernte, der prekären Situation begegneten. Sie fluchten zwar darüber, aber sie jammerten nicht. Ein Argentinier erzählte mir einmal, wie ein Freund Dollarnoten neben seinem Haus verbuddelte. Er traute der Bank nicht, also wollte er sie eigenhändig bei sich anlegen.

»Er vergaß jedoch, die Noten in Plastiksäcke zu stecken, bevor er sie in der Erde vergrub. Als er das Geld rausholen wollte, war es vermodert«, sagte er und lachte laut.

Das Argentinien, das ich kennenlernte, geriet nicht so schnell in Aufruhr. Außer es ging um Fußball. Stand ein wichtiges Spiel an, veränderte sich das ganze Land. Man schaute achselzuckend zu, wie das Vermögen in rasantem Tempo an Wert verlor, aber drehte komplett durch, wenn Messi nicht genügend Tore schoss. Bei wichtigen Spielen fuhren weder Busse noch Taxis, Schulen und Krippen waren geschlossen, und wer verunfallte und ins Krankenhaus musste, hatte Pech. Auch Ärzt:innen und das Pflegepersonal würden bei einem wichtigen Spiel die Arbeit niederlegen. Letzteres sagten mir mehrere Leute. Ob sie recht hatten oder übertrieben, habe ich zum Glück nicht herausfinden müssen.

In Buenos Aires war ich auf einen Schlag steinreich. Nicht, weil ich einen Wahnsinns-Deal an Land zog oder im Lotto gewann, sondern einzig und allein, weil mein Geld in einer begehrten Währung angelegt war. Jede Person aus der westlichen Welt war plötzlich Multimillionär:in, einfach weil sie etwas hatte, das ihr argentinisches Gegenüber nicht hatte: Zugriff auf einen anderen Wechselkurs und die Möglichkeit, so viel Geld zu wechseln, wie sie wollte.

Es war nicht das erste Mal, dass ich in einem Land war, in dem alles sehr viel günstiger war. Aber Buenos Aires war anders. Buenos Aires wirkte wie eine reiche europäische Stadt. Man konnte alles bekommen, was man von einer Metropole erwarten konnte. Von Kultur über Gastronomie bis hin zu Sport und Nachtleben. Das Angebot war riesig. Und die *Speakeasys*, elegante, beeindruckende Cocktailbars, die man von außen nicht als solche erkannte, übertrafen die Lokale in Manhattan um Längen. Buenos Aires wirkte so viel teurer, als es war, und ich war darin so viel vermögender, als ich eigentlich war. Ich war ziemlich überfordert mit dieser neuen Situation. Mir war natürlich immer bewusst, dass die Schweiz eines der reichsten Länder war und ich deshalb fast immer im Vorteil war, wenn ich außerhalb der Schweiz war. Abgesehen von Ausnahmen wie New York oder Paris, war das Leben für mich überall preiswerter – was mich nicht dazu führte, bei jedem Essen »Uh, oh, schau nur, wie krass billig!« zu rufen, wie das einige Landsleute im Ausland taten. Ich fand das immer etwas despektierlich. Es *war* nicht »krass billig«, es war nur für uns Ausländer:innen »krass billig«. Das war in meinen Augen ein gravierender Unterschied. Wäre es der argentinischen Wirtschaft besser gegangen, wäre unser Wechselkurs schlechter gewesen. Wäre das Land reicher, wären wir Expats ärmer gewesen. Aber ich konnte es drehen, wie ich wollte: Ich konnte in Buenos Aires ein Leben leben, das an einem anderen Ort der Welt niemals möglich gewesen wäre.

In den ersten zwei Wochen änderte sich mein Alltag Schritt für Schritt. Eine Amerikanerin, die ich durch verschiedene Kontakte kennenlernte, schwärmte von ihrem Personal Trainer Mario. Das Training bei ihm kostete sieben Dollar pro Stunde. Das war etwa zwanzigmal weniger, als ich in der Schweiz bezahlen würde. Ich zögerte erst. War das falsch? Oder war es gerade richtig? Ich gab Mario eine 100-Dollar-Note, die ich aus der Schweiz mitgebracht hatte, und traf ihn fortan zweimal wöchentlich für eine Privatstunde. Ich bin ziemlich sicher, dass ich doppelt so viel wie seine anderen Kund:innen bezahlte, aber ich fand das okay. Ich fand es in Buenos Aires immer okay, mehr zu bezahlen. Einige Parks und Sehenswürdigkeiten, wie zum Beispiel der berühmte Friedhof in La Recoleta, hatten einen deutlich höheren Tarif für uns Ausländer:innen. Viele Tourist:innen ärgerten sich darüber. Ich fand es richtig. Schließlich bekamen wir wegen der Blue Rate auch doppelt so viel für unser Geld.

Ich leistete mir ein »Unlimited«-Abonnement im Cycling Studio *RockCycle*. Für umgerechnet drei Euro schwitzte ich mehrmals die Woche im Strobolicht und zu lauter Musik. In der Schweiz gönnte ich mir ebenfalls solche Sportlektionen, aber da eine Stunde zehnmal mehr kostete, machte ich das einmal, höchstens zweimal die Woche. In Buenos Aires ging ich regelmäßig in die Massage und zur Maniküre, ich besuchte ständig Konzerte und war oft im Theater. Und ich aß jeden Tag in hervorragenden Restaurants, besuchte die schönsten Cocktailbars und trank ausschließlich guten Wein, was in Argentinien auch nicht besonders schwierig war. Ich lebte ein Parallelleben zu meinem gewöhnlichen Dasein. Ich benahm mich, als hätte ich überall das Upgrade gebucht. Als ich mich dabei ertappte, dass mir dieses Leben Spaß machte, war ich irritiert. Ich war bekannt für meinen minimalistischen, einfachen Lebensstil. Ich proklamierte, dass man nicht viel materiellen Reichtum brauchte, um ein reiches Leben führen zu können. Betrog ich hier gerade meine Grundsätze?

Ich ging joggen, was ich immer tue, wenn ich meine Gedanken sortieren muss. Und wie immer kam ich glücklich zurück. Wir reden hier nicht vom »Runner's High«, dafür ist mein Lauftempo definitiv nicht »high« genug. Ich jogge seit vielen Jahren, werde aber manchmal sogar von Leuten überholt, die mit Stöcken bewaffnet »Walking« betreiben. Ich habe kein Ziel beim Joggen. Ich messe weder Strecke noch Zeit und will auch nicht schneller werden. Nach dieser Runde durch die Straßen in Palermo Hollywood kam ich zu dem Schluss, dass ich wegen all dieser Dinge, die ich mir leistete, nicht glücklicher war als an anderen Orten. Es wäre mir auch ohne Personal Training und ohne Massagen gut gegangen. Ich fand, dass es richtig war, mir mehr als sonst zu leisten. Es nützte dem Land, der Wirtschaft, dem Personal Trainer oder der Masseurin nichts, wenn ich all diese Dinge weniger in Anspruch nahm, nur weil ich es nicht gewohnt war, sie zu nutzen. Es brachte niemandem etwas, wenn ich sparsam lebte. Es nützte auch nichts, wenn ich deshalb Trübsal blies oder zu Hause rumhockte. Ich buchte folglich noch mehr Trainingseinheiten und Massagen und gab überall, wo ich war, sehr viel Trinkgeld.

Das Universum wirds richten

Ich war zum ersten Mal in Argentinien, und es war das erste Mal, dass ich in einer Stadt keine, aber wirklich keine einzige Menschenseele kannte. In Paris hatte ich immerhin die Schweizer PR-Frau und den Schauspieler, den ich schon vor meiner Reise kannte. In Berlin wohnte mein Fotografen-Freund, und in Mexico City war die Musikerin Lara meine, zugegeben, nicht sehr hilfreiche Kontaktperson. Aber sie war immerhin da. Für alle Notfälle. Nach Buenos Aires ging ich wegen einer Schweizer Kulturförderung. Ich durfte im Rahmen des »Artist in Residence«-Programms von Pro Helvetia für drei Monate in der Stadt wohnen.

In Buenos Aires kannte ich niemanden. Wirklich gar niemanden. Das war so nicht geplant. Ich hatte gedacht, mein bester Freund wäre zur gleichen Zeit dort. Er war Südamerika-Korrespondent des Schweizer Radios und wollte mit seiner Familie für ein paar Jahre nach Argentinien ziehen. Ich war Patentante seiner Tochter und stellte es mir schön vor, eine Weile in der Nähe von ihnen zu wohnen. Wegen der Pandemie mussten sie jedoch in der Schweiz bleiben, und ich landete folglich nicht in einer Stadt, in der schon ein mir sehr nahestehender Mensch lebte, sondern in einer Stadt, in der ich sozial komplett bei null anfangen musste.

Es war wie überall: Die ersten Wochen war ich viel

allein. Ich war diese einsame Anfangsphase mittlerweile gewohnt und wusste daher, dass ich sie weder beschleunigen noch überspringen konnte. Wer ankommen will, muss abwarten. Doch ein bisschen anders machte ich es nach all den Jahren und Erfahrungen mittlerweile doch. Ich gab mir besonders viel Mühe beim Aussuchen der Lokale. Ich führte mich in die tollsten Restaurants aus und lud mich auf die raffiniertesten Cocktails ein. So verbrachte ich mehrere Abende in einem winzigen Lokal namens *Perro Verde Cantina*. Ich saß auf ihrem einzigen Sofa in der Ecke, schaufelte zufrieden *Patatas Bravas* in mich hinein und trank dazu hervorragenden Malbec. Am ersten Tag servierten sie ihn eiskalt, was anscheinend typisch für Argentinien, für meinen Gaumen aber sehr ungewohnt war. Bei meinem zweiten Besuch bat ich um Wein in Zimmertemperatur, was die Kellnerin sehr amüsant fand.

Eine Freundin von Nadine aus Paris, die lange Zeit in der Stadt wohnte, empfahl mir das Sushi-Restaurant *Nicky Harrison* und sagte mir, ich müsse beim Eingang nach dem versteckten Raum fragen. Ich tat wie geraten und wurde durch verschiedene wunderschön dekorierte Räume geschleust, in denen mir die Hostess Geschichten über die Prohibition erzählte. Hinter all den Türen befand sich eine schummrige Cocktailbar mit kleinen, tiefen Tischen. Ich setzte mich an den Tresen, aß *Ceviche* und schaute dem Zauberer zu, der dort jeden Dienstag seine Kartentricks zeigte. Ich holte mir auf dem Heimweg gefrorene und mit Schokolade überzogene Himbeeren bei *Rapa Nui*, die sogenannten Franuí, die alle in der Stadt kannten und liebten, und wenn ich nicht zu müde war, machte ich noch einen Abstecher in die Bar *Botica-*

rio, wo die Speisekarten aufwendige, drehbare Modelle und die Drinks von den Sternzeichen inspiriert waren. Die Bar wurde zu meiner Lieblingsbar und ich kehrte in den folgenden Wochen mehrmals zurück – dann jedoch immer in Begleitung.

Ich würde gern behaupten, dass es mir gar nichts mehr ausmachte, allein in Lokale zu gehen. Das wäre jedoch gelogen. Es kostete mich noch immer etwas Überwindung. Als ich das erste Mal in Buenos Aires eine Bar ohne Begleitung betrat, hatte ich das Gefühl, alle starrten mich an. Beim zweiten Mal war ich schon etwas entspannter. Und beim dritten Mal hatte ich einen lustigen Sitznachbarn und das Gefühl, nun den Dreh rauszuhaben. Was natürlich kompletter Quatsch war. Ich hatte einfach Glück – und beim nächsten Mal wieder ein verliebtes Pärchen an meiner Seite, das mich keines Blickes würdigte. Allein in ein Lokal zu gehen, ist für viele unvorstellbar, aber eigentlich keine Hexerei. Es braucht nur etwas Übung. Es ist wie ein Muskel, den man trainiert. Ganz unabhängig davon, ob man ein eher introvertierter oder extrovertierter Mensch ist. Und auch abgesehen davon, wie selbstbewusst man ist. Ich weiß, dass viele denken, dass eine Frau, die so oft allein verreist, total souverän sein muss. Ich würde mich aber eher als schüchtern einstufen – und auch ich habe die Herausforderung gemeistert.

War ich nicht völlig erledigt, überredete ich mich immer, wenigstens auf einen kurzen Drink rauszugehen. Immerhin wollte ich ja eine neue Stadt entdecken. Und von meinem Studio aus war das schlicht nicht machbar. Manchmal brauchte ich länger, bis ich meine Wohnung verließ, manchmal fiel es mir leicht. Aber auch wenn ich total »ready to mingle« und gut gelaunt war, nahm ich immer meinen E-Reader mit und fragte konsequent nach einem Platz am Tresen, weil es mir lieber war, als allein an einem Tisch zu sitzen. Manchmal begann ich ein Gespräch mit den Leuten, die neben mir saßen. Und manchmal unterhielt ich mich eine Weile mit den Leuten hinter der Bar. Aber oft fand ich es auch schön, mit niemandem zu reden. In meinen Jobs als Autorin und Moderatorin war ich schließlich nonstop mit Erzählen und Zuhören beschäftigt. Mein ganzes Leben bestand aus Kommunikation. Umso berauschender fand ich es, wenn es manchmal still war.

Aber obwohl ich diese ruhige Anfangsphase zu schätzen wusste, wollte ich nicht alleine bleiben. Wollte ich mich richtig einleben und zu Hause fühlen, musste ich ein soziales Umfeld haben. Dank Freund:innen hatte ich in Buenos Aires zwei Telefonnummern, bei denen ich mich melden konnte.

Eine gehörte einem Queer-Aktivisten, die zweite war die Nummer des Besitzers des exklusivsten Tennisclubs der Stadt. Letzterer lud mich zu einem Turnier ein, und obwohl ich von Tennis nichts verstand, fuhr ich hin. Im Club gingen die Schönen und Reichen der Stadt ein und aus. Ich schüttelte viele Hände, was man nicht wirklich tat, wie ich später lernte, denn in Argentinien begrüßte man sich mit zwei Küsschen auf die Wangen, sogar wenn man sich zum ersten Mal sah. Ich wurde Fernsehstars und Clubbesitzern, Politikern und Moderatorinnen vorgestellt und smalltalkte, so gut es ging. Das Spanisch, das ich in Mexiko gelernt hatte, war definitiv ein anderes als das Spanisch, das man in Argentinien sprach. Nebenbei schaute ich das Tennismatch, und obwohl alle sehr freundlich waren, fühlte ich mich nicht wohl. Das war nicht meine Welt. Es fühlte sich an, als würde ich Theater spielen. Auch kam es mir vor, als würde ich wie eine Trophäe herumgezeigt. Eine rothaarige Frau war eine kleine Sensation, jedes männliche Mitglied des Clubs wollte mich persönlich begrüßen.

Entspannter fühlte ich mich, als ich wenige Tage später meinen zweiten Kontakt, den Queer-Aktivisten, traf. Wir verabredeten uns zu einem Spaziergang, gingen in eine Gay Bar und aßen eine argentinische Pizza, die ich als Käsefladen bezeichnet hätte. Zum Schluss zeigte er mir eine queere Tango-Kneipe, wo gerade eine Klasse für Anfänger:innen stattfand. Wir schauten den Paaren zu, die sich unbeholfen durch den kleinen Raum schoben, und als der Unterricht zu Ende war, tanzten wir ebenfalls. Für meinen Geschmack etwas eng, aber es war nun mal Tango, und so, nahm ich an, musste Tango sein. Außerdem war mein neuer Freund, wie mir die Freundin erzählte, schwul. Ich musste mir also keine Sorgen machen, dass er mir ungewollt zu nah kam.

Eine Woche später begleitete ich ihn zur *Feria de Mataderos*. Jeden Sonntag fand zehn Kilometer außerhalb des Stadtkerns ein Volksfest statt. Auf einer großen Bühne spielte eine Band, dazu tanzten die Leute im Kreis. Festständen verkauften Schmuck und traditionelle Gerichte. Es war laut und stickig. Ich wurde abermals allen vorgestellt und küsste brav Dutzende Wangen, die mir entgegengestreckt wurden. Mehrere Leute raunten mir zu, dass ich den »richtigen Mann im Bezirk« gefunden habe. Sie zwinkerten wissend, ich blickte verwirrt zurück. Erst da fiel mir auf, dass der Queer-Aktivist mich bei jeder Bemerkung berührte und mir über den Rücken strich, wenn er neben mir stand. Es stellte sich heraus, dass mein neuer schwuler Freund nicht schwul, sondern bisexuell war und eine deutlich andere Vorstellung unseres Zusammenseins hatte als ich.

Am nächsten Tag tat ich, was ich eigentlich lieber vermied: Ich ging zu einem Expat-Treffen. Zwei Straßen von meiner Unterkunft in Palermo Hollywood entfernt kamen einmal in der Woche die »Extranjeros« zusammen. Beim Eingang bekam man verschiedene Aufkleber, auf den einen schrieb man seinen Namen, die anderen zeigten, welche Sprachen man beherrschte. Ich steuerte mit meinen Stickern auf der Brust in Richtung Bar und begann ein Gespräch mit einem Amerikaner, der seit einiger Zeit in Argentinien lebte. Ziemlich schnell erzählte er mir, dass sein Vater ermordet wurde, und schob hinterher, dass Menschen, die »Daddy Issues« haben, gute Liebhaber:innen seien. Ich fand seine Theorie etwas eigenartig, und noch eigenartiger fand ich, dass er mir seine Theorie und die Geschichte dahinter einfach mal so zwischen zwei Schlucken Bier erzählte. Weil sein Vater ursprünglich aus Chile kam, wohnte er eine Weile in Santiago. Aber die Stadt sei kein guter Ort gewesen, die Menschen seien alle unzufrieden und antriebslos, deshalb kam er nach Buenos Aires. Hier arbeitete er als Freelancer für eine kalifornische PR-Firma und konnte dank des guten Wechselkurses trotz eines mäßig gut bezahlten Jobs ein großartiges Leben führen. In der Zwischenzeit hatten sich mehrere Expats zu uns gesellt, und alle pflichteten ihm lautstark bei.

Die Expats bei diesem Treffen kamen aus den USA, Deutschland, England und Australien. Viele hatten Jobs im IT-Bereich, andere nannten sich »Life Coaches« und halfen Leuten dabei, ein »besseres« Leben zu führen. Was mir bei diesem und anderen Gesprächen auffiel, war ein Phänomen, das ich schon mehrmals angetroffen hatte. Digital Nomads hatten zwar verschiedene Jobs und Arbeitsweisen, ihr Lebensentwurf und der Antrieb dahinter waren hingegen immer etwa gleich. Sie erhielten aus einem Land mit einer stabilen Wirtschaftslage ein gutes oder auch mittelmäßiges Einkommen, gaben es aber in einem Land mit einer schwierigen ökonomischen Lage aus und lebten so ein Leben über ihrem eigentlichen Standard. Das war ja nicht per se falsch. Was mich störte, war, dass sie so taten, als wären sie besser als andere. Dass sie den Eindruck vermittelten, als würden sie über anderen Lebensmodellen stehen. Sie verdienten mehr als die Leute des Landes, in dem sie lebten, und sie konnten mehr auf die Seite legen als die Leute des Landes, aus dem sie kamen. Sie verhielten sich, als wären sie unfassbar schlau gewesen und vor allem ausgesprochen gut in ihrem Job und deshalb im Vorteil. Ich fand, der Unterschied oder ihr *Trick* war in Wahrheit ein anderer. Sie hatten das Glück, in einem Land geboren worden zu sein, das gute Ausbildungsmöglichkeiten und gut bezahlte Jobs bot, und sie profitierten davon, dass ihr Pass ihnen erlaubt, in einem anderen, einem ärmeren Land zu arbeiten. Sie waren nicht außergewöhnlich gewieft. Sie hatten Privilegien, die andere nicht hatten. Diese Privilegien zu nutzen, störte mich nicht. Mich ärgerte, wenn man sich benahm, als wäre es kein Privileg, so leben zu können, sondern pure Cleverness.

Wo ich bei solchen Gesprächen und in solchen Communitys ins Schleudern kam: Ich war genauso sehr Expat wie sie. Aber war ich wie sie? Ich hätte mich niemals für besonders gerissen und smart erklärt. Nie hatte ich das Gefühl gehabt, dass ich in der Sache, die ich tat, besser war als Einheimische, nur weil ich damit deutlich mehr Geld verdiente. Ich war auch nicht besser als meine Landsleute, weil mir am Ende des Monats mehr von meinem Lohn übrig blieb. Ich war nicht cleverer, weil ich mir in Buenos Aires Dinge gönnen konnte, die in der Schweiz zu teuer gewesen wären.

Was diese Diskussionen für meinen Geschmack noch bizarrer machte, war der Gedanke, dass das Universum dafür sorgte, dass sie sich dieses schöne Leben leisten konnten. Die moderne Spiritualität stand bei Expats hoch im Kurs. Ich würde behaupten, unter Digital Nomads gab es eine höhere Dichte an Leuten als in anderen Bereichen, die daran glaubten, dass es ihre Intentionen und die positiven Gedanken waren, die für ihr gutes Leben sorgten. Das Universum gab ihnen ein glückliches Leben, weil sie daran glaubten. Und indem sie daran glaubten, erschufen sie es. So schloss sich der Kreis. Alles eine Frage der Manifestation. An einer Portion Optimismus habe ich überhaupt nichts auszusetzen. Ich sehe auch kein Problem darin, wenn man bei Vollmond seine Wünsche notiert und den Zettel danach verbrennt, damit die Wünsche in den Himmel steigen können. Ich finde es völlig in Ordnung, wenn jemand mit einem Palo-Santo-Hölzchen wedelt und jeden Morgen eine Karte mit Motivationssprüchen zieht. Es schadet schließlich nichts, und ich bin selbst eine Verfechterin von der Idee, dass man sich seiner Ziele bewusst werden muss, wenn man sie erreichen will. Ich bin überzeugt, dass man eher seine Zeit für die Dinge verwendet, die einen glücklich machen, wenn man genau weiß, was im eigenen Leben Priorität hat. Ich ging immer davon aus, seit meinem Leben als Teilzeit-Nomadin mehr denn je, dass klare, gute Absichten eher zu klaren, guten Ergebnissen führen. Aber dass das Universum alles für einen richtet? Nein, das glaube ich nicht.

Besonders schwierig fand ich beim Gespräch an diesem Expat-Event in Buenos Aires, dass diese Art von Spiritualität die Tatsache negiert, dass wir mit ungleichen Voraussetzungen ins Leben starten. Dieser »Glaube« verleiht den Anschein, dass Menschen, die weniger Glück haben, weniger positiv eingestellt sind. Dass sie weniger an den Erfolg geglaubt haben. Es lässt vermuten, dass wir für alles, was uns passiert, was wir haben und was wir sind, dass wir für jeden Bereich in unserem Leben selbst verantwortlich sind. Ich glaube absolut, dass wir viel zum Positiven verändern können, wenn wir nach unseren eigenen Prioritäten leben und nicht nach den Vorgaben der Gesellschaft. Aber dies tun zu können, ist nicht allen möglich. Es ist ein Privileg, sich um das eigene Glück kümmern zu können. Es ist bei Weitem nicht immer der fehlende Einsatz oder der fehlende Optimismus. Wir sind nicht die alleinigen Erschaffer:innen unseres Schicksals, und ich finde es gefährlich und falsch, wenn wir so tun, als wäre es so.

Argentinien war ein gutes Beispiel für diese Ungleichheit. Jemand konnte viele Jahre hart arbeiten und fleißig Geld auf die Seite legen. Kaum hat diese Person das erzielte Vermögen jedoch beisammen, verliert das Geld massiv an Wert und der große Traum ist zerplatzt. Ganz egal, wie optimistisch und zuversichtlich die Person davor war. Eine argentinische Autorin konnte um Welten besser sein als ich. Aber egal, wie viel sie arbeitete, und egal, wie positiv sie eingestellt war, sie hatte ganz andere Voraussetzungen. Argentinier:innen konnten nicht einfach verreisen, weil sie nur beschränkt viele Dollar tauschen konnten und in einem anderen Land sicherlich keine Peso akzeptiert würden. All diese Hürden hatten nichts mit mangelnder Manifestation zu tun.

Mich störte, wenn man, wie bei der Diskussion mit den »Extranjeros« in der Bar an diesem Abend, so tat, als wäre die Welt fair. Sich wegen der Ungleichheit schlecht oder schuldig zu fühlen, macht die Situation nicht besser. Aber es war in meinen Augen der falsche Ansatz, wenn man glaubt, dass man Glück verdient hat, weil man es oft genug manifestiert hat.

Finger im Spiel

Nach drei Wochen passierte in Buenos Aires, was letzten Endes überall irgendwie geschah: Nach und nach bildete sich ein Freundeskreis. Über verschiedene Ecken lernte ich Leute kennen. Da war eine argentinische Theaterregisseurin, die Deutsch sprach und meine Stücke übersetzen wollte. Sie war gerade Mutter geworden, weshalb wir uns meist bei ihr zu Hause trafen und sie während unserer Gespräche ihr Baby stillte. Mit einer südafrikanischen Musikerin und ihrer Frau, einer Fotografin aus Argentinien, besuchte ich den *Parque de la Costa*, einen Freizeitpark in Tigre östlich von Buenos Aires. Die Anlage erinnerte mich an den *Europapark*, hatte aber deutlich weniger strenge Sicherheitsvorschriften. Die

Gurte auf den Achterbahnen waren lose Bänder, die man um den Bauch legte. Ich war vor jeder Fahrt überzeugt, dass dies der letzte Adrenalinkick meines Lebens sein würde. Ich mochte das Künstlerinnenpaar, das so harmonisch und entspannt war, was ich in Anbetracht dessen, dass sie sich die erste Zeit nur mit Google Translate unterhalten konnten, total bemerkenswert fand. Sie luden mich zu sich nach Hause zum Abendessen ein, wir besuchten mehrere neue Bars und ließen uns in einem »Escape Room« einschließen, wo ich ohne ihre Hilfe nie wieder rausgekommen wäre. Zu meinem Freundeskreis zählten auch eine Psychologin aus den USA, eine ehemalige Hotelmanagerin aus Kanada und ein mexikanischer Unternehmer.

Ich war schon fünf Wochen im Land und hatte noch acht Wochen vor mir, als ich mich endlich den lokalen Essenszeiten angepasst hatte. Vor zehn Uhr abends isst in Argentinien niemand. Am vollsten sind die Restaurants um elf. Ich fand es zwar auch nach all der Zeit noch seltsam, so spät zu essen, war es aber mittlerweile gewohnt. Sogar mein Magen hatte sich halbwegs damit abgefunden, wohingegen die ersten späten Abendessen mir noch den Schlaf geraubt hatten.

Ich ging mit Rebecca, meiner kanadischen Freundin, in unser Lieblingslokal, das *Las Cabras*. Das Restaurant war immer voll und bei Einheimischen beliebt. Es war fast Mitternacht, als wir das Dessert bestellten: die Hauskreation, das *Postre Las Cabras*. Das Gericht war nicht schön anzusehen. Zwischen uns stand eine Keramikschüssel mit einem braunen Brei aus Bananen, Dulce de Leche, Meringue und Schlagsahne darin. Jeder Löffel enthielt etwa tausend Kalorien, war aber jede dieser Kalorien wert. Wir kratzten die Schüssel leer, tranken unseren Malbec aus, der in kleinen Karaffen in Pinguinform serviert wurde, und bezahlten die Rechnung. Wir wollten an diesem Abend tanzen gehen. Verschiedene Expats empfohlen uns das *Makena*, aber vor dem Eingang war eine lange Schlange, und Einheimische schworen ohnehin auf das *Ferona*, einen kleinen Club mit einem gelangweilten Türsteher davor. Der Eintritt kostete drei Euro, die man drinnen gegen einen Drink eintauschen konnte. Wir bestellten je einen Wodka Soda und betraten die Tanzfläche. Es vergingen keine zwei Minuten, bis sich die ersten Männer zu uns gesellten. Ein paar Minuten später waren wir umzingelt, sie bildeten einen Kreis um uns und bewegten sich zur Musik, ohne den Blick von uns zu lösen.

Zürich hat berechtigterweise den Ruf, dass man in Clubs und Bars nie angesprochen wird. Schweizer Männer wie Frauen gelten als zurückhaltend, scheu und zuweilen arrogant. In meinem Heimatland werde ich auf der Tanzfläche eigentlich nie angesprochen, ob ich das nun gut finde oder nicht, es ist einfach so. In Buenos Aires aber erlebte ich das komplette Gegenteil. Alle paar Minuten trat ein anderer Mann zu mir und versuchte sein Glück. Er nutzte entweder einen plumpen Anmachspruch oder wollte mich in ein Gespräch verwickeln. Es war ein merkwürdiges Schauspiel. Die Männer sahen, wie es andere probierten, aber statt sich abschrecken zu lassen, sahen sie es als Aufforderung, dass nun sie an der Reihe waren. Ich war an keinem der anwesenden Typen interessiert, wollte aber auch nicht unhöflich sein. Ich lächelte also nur schüchtern zurück und zeigte auf meine

Freundin, als wäre das die Erklärung für mein Desinteresse. Ich wollte in Ruhe tanzen, was aber schlicht nicht möglich war, da ständig jemand an meinem Kleid zupfte, mir auf die Schultern tippte oder mir ins Ohr flüsterte. Mit der Zeit wurde ich etwas deutlicher und schüttelte energisch den Kopf, wenn einer einen Schritt auf mich zu machte. Ich war nicht mehr überfordert, ich war nur noch genervt. Egal, wo wir uns platzierten, wir waren innerhalb weniger Minuten von Männern umzingelt und wurden von allen Seiten bedrängt. Als einer seine Hand ausstreckte und meine Haare anfassen wollte, hatte ich genug. Ich wollte nur noch nach Hause.

Am nächsten Morgen wachte ich verkatert auf. Der viele Wein im Restaurant, dann der Wodka im Club, das war kein guter Mix. Aber ich hatte keine Zeit, mich zu bemitleiden. Ich hatte zum »Tag Rugby« zugesagt. Jeden Sonntag trafen sich auf einer Wiese eine Gruppe Einheimische und Expats und spielten eine, wie sie es nannten, sanfte Form von Rugby. Statt sich auf den Boden zu ringen, musste man die Bänder wegreißen, die wir Spieler:innen auf beiden Seiten am Hosenbund befestigt hatten. Also kein Körperkontakt, sondern Schnelligkeit und Taktik. Ich begriff die Regeln nicht wirklich, rannte aber motiviert aufs Feld. Bänder wegreißen und mit dem Ball auf die andere Seite rennen, das kann ja wohl nicht so schwer sein.

Das Spiel begann, die Frau, die ich »decken« musste, bekam den Ball zugeworfen, ich sprintete auf sie zu und bekam ihr Band zu fassen. Das Spiel stoppte. Mein Atem stockte. Ich hatte die Frau kaum berührt und nur an ihrem Band gezupft. Aber in meinem rechten Mittelfinger spürte ich einen stechenden Schmerz. Nichts anmerken lassen, nahm ich mir vor und spielte so gut es ging weiter. Je länger ich auf dem Feld war, desto heftiger pochte mein Finger. Vermutlich geprellt und deshalb kein Grund zur Sorge, dachte ich. Solange ich den Finger bewegen konnte, und das konnte ich, war er nicht gebrochen. Prellungen hatte ich schon einige Male in meinem Leben gehabt. Die gehen früher oder später von allein vorbei.

Am Abend war der Finger tiefblau und doppelt so dick wie der Mittelfinger meiner anderen Hand. Er tat höllisch weh. Ich googelte, was man tun sollte – amputieren war natürlich die Lösung und baldiger Tod die Antwort des Internets auf meine medizinischen Fragen –, und rief Rebecca an.

»Du musst den Finger kühlen«, sagte sie mir, »völlig egal, ob er nur geprellt oder gebrochen ist.«

Ich hielt den Finger an eine Milchpackung, die ich im Kühlschrank stehen hatte.

»Richtig kühlen!«, befahl Rebecca.

Sie würde mit mir in eine Bar kommen, da könnte ich nach Eis fragen, und morgen sollte ich den Finger röntgen lassen gehen.

Ich schluckte ein Ibuprofen gegen den Schmerz und zog los. Rebecca und ich landeten in einem Restaurant, das zwar in unserer Nähe war, aber das wir nie betraten, weil es eher elegant und bieder aussah. Die Einrichtung war nicht locker oder cool, sondern wirkte sehr dekadent und schick. Es war jedoch Sonntagabend, die meisten Lokale waren geschlossen und unsere Auswahlmöglichkeit beschränkt. Wir wurden zum hinteren Teil des Restaurants geführt, wo eine kleine Bar war, und setzten uns auf die hohen Hocker. Der Barkeeper reichte uns zwei Karten. Als er kurz verschwand, um etwas zu holen, drehte ich mich zu Rebecca.

»Der ist hot!«, flüsterte ich ihr zu.

»Sehr«, raunte sie zurück.

Er mixte unsere Cocktails und gab mir ein Glas mit Eis. Ich hielt meinen Finger hinein, und Rebecca zerschnitt meinen Caprese-Salat, damit ich den »dedo roto«, den kaputten Finger, nicht bewegen musste. Die ganze Situation war völlig absurd. Dieses elegante Restaurant, der attraktive Barkeeper in seinem Anzug und wir, völlig underdressed am Tresen sitzend, Rebecca mein Essen zerkleinernd und ich meinen Mittelfinger in einem Cocktailglas badend.

Claudio, der Barkeeper, hörte unserem Gespräch zu, nicht versteckt und heimlich, wie man sich das vorstellt, sondern so offensichtlich, dass er nachfragte, wenn er etwas nicht verstanden hatte. Irgendwann wurde er von seiner Kollegin an der Bar zurechtgewiesen, weil er zu langsam Getränke zubereitete, und als wir gingen, fing er uns an der Tür ab, um uns persönlich zu verabschieden.

Am nächsten Morgen ging ich ins Krankenhaus. Man empfahl mir, entweder ins Hospital Italiano oder Alemán zu gehen. Ich entschied mich für das *deutsche* Krankenhaus, nicht weil man dort Deutsch sprach, sondern weil es am nächsten lag. Zuerst saß ich zwei Stunden im Wartesaal, was für argentinische Verhältnisse nichts war, wie mir meine einheimischen Freund:innen versicherten, dann wurde meine Nummer auf einer Leuchttafel eingeblendet und ich wurde in einen winzigen Raum geführt. Der Arzt, etwa gleich alt wie ich, amüsierte sich über meine Schilderungen vom Unfall und schickte mich zum Röntgen. Die Ergebnisse warfen meine ganze »Was-man-bewegen-kann-ist-nicht-gebrochen«-Theorie über den Haufen. Mein Finger war gebrochen.

»Ein schöner Bruch bei der Kuppe vorne«, wie der Arzt bemerkte.

Er klebte meinen kaputten Finger an den Zeigefinger und befahl mir, das Tape für mindestens eine Woche dran zu lassen. Sport verbot er mir, die Tastatur zu bedienen würde ebenfalls schwierig werden. Ich ging dennoch gut gelaunt nach Hause. Ich hatte einen einsatzfähigen Finger weniger. Aber dafür hatte ich einen Kontakt mehr: den Kontakt von Claudio.

Claudio schrieb mir noch in der Nacht unseres Kennenlernens eine Nachricht auf Instagram. Wir verabredeten uns für den übernächsten Tag. Er musste an den Abenden arbeiten, konnte also nur am Nachmittag etwas unternehmen, aber da ich keine festen Arbeitszeiten hatte und wegen der Verletzung ohnehin nicht wirklich arbeiten konnte, spielte es für mich keine Rolle, wann wir uns sahen. Wir trafen uns, zwei Stunden bevor er zur Arbeit musste. Wir aßen ein Eis in Form einer Comicfigur, und Claudio erzählte, warum er als Barkeeper arbeitete. Er fand das argentinische Bildungssystem falsch. Alle würden einfach irgendwas studieren, weil es gratis sei. Er wusste jedoch nicht, was er studieren wollte, also hatte er einen Cocktailkurs absolviert und angefangen, in Restaurants zu arbeiten. Da wollte er nicht bleiben. Außer es würde täglich eine *Suiza con un dedo roto* in seine Bar kommen, sagte er grinsend. Er verdiente umgerechnet zehn Euro an einem Abend. Das sei ein durchschnittlicher Lohn in der Gastronomie in Argentinien. Ich traute mich nicht zu sagen, was ich für mein Airbnb in Buenos Aires bezahlte oder für eine Reportage bekam. Es stand in keinem Verhältnis.

Er war in der Agglomeration aufgewachsen, lebte nun aber mit seiner Katze in einer kleinen Wohnung in der Stadt. Irgendwann wollte er die Welt bereisen. Aber noch nicht jetzt.

»Wenn ich Geld gespart und besser Englisch gelernt habe, dann!«, sagte er.

Es war offensichtlich, dass wir in sehr unterschiedlichen Welten lebten und an ganz anderen Punkten im Leben standen. Trotzdem oder vielleicht gerade deshalb verstanden wir uns ausgesprochen gut. Wir hatten eine ähnliche Einstellung bei vielen Themen und den gleichen Humor.

Beim nächsten Treffen gingen wir zu einem Polo-Turnier. Ich wäre wohl nicht gegangen, hätte mir nicht eine Freundin ein Ticket geschenkt und mich gebeten, mitzukommen, weil ein Typ, den sie gerade auf Bumble kennengelernt hatte, dort war. Als wir zum *Hipódromo Argentino de Palermo* kamen, kaufte ich Claudio ebenfalls eine Karte, damit wir gemeinsam reinkonnten. Wahrscheinlich hätte ich mich komisch gefühlt, dass immer ich für uns beide bezahlte, wäre er nicht so locker gewesen. Claudio war tiefenentspannt. Er war immer tiefenentspannt. Wir suchten meine Freundin, die Amerikanerin, die mir das Ticket gab, setzten uns zu ihr auf die Tribüne und schauten dem Spiel zu. Es war siedend heiß, und wir verstanden die Regeln nicht. Pferde rasten hin und her, den Ball sahen wir eigentlich nie. Was mich am meisten faszinierte, war, zu hören, dass Polopferde geklont wurden. Ein Pferd, so sagte man mir, gab es dreimal in identischer Ausführung. Nach zehn Minuten wechselten wir runter zum Zelt, von wo aus man zwar nur noch die Hälfte des Rasens sehen, aber dafür Bier trinken konnte. Am Abend gingen wir ins *Gran Dabbang* zum Abendessen, ein Fusion-Kitchen Restaurant, das mir mehrmals empfohlen wurde und das gleich neben meiner neuen Wohnung lag.

Am Tag zuvor war ich in ein neues Studio gezogen, das nicht mehr einen Steinwurf von dem Restaurant, in dem Claudio arbeitete, lag, sondern etwa dreißig Minuten davon entfernt, in Palermo Soho. Es war das Gegenteil von perfektem Timing, aber nicht zu ändern. Doch die neue Wohnung hatte auch Vorteile. Im Gegensatz zur alten konnte man die Haustür mit einem Code öffnen, und so musste ich etwa nicht wach bleiben, bis Claudio seine Schicht fertig hatte.

Check the box

Nach zwei Monaten in Buenos Aires fühlte ich mich zu Hause. Ich war keine Touristin mehr, aber natürlich auch keine Einwohnerin. Ich war ein Zwischending, ein Chamäleon. Wenn ich meine Freund:innen überzeugen wollte, mit mir in eine Tangoshow oder in ein Museum zu gehen, und sie monierten, das sei touristisch, entgegnete ich, dass ich nun mal aus der Schweiz sei. Schrieben mir Landsleute, die ich flüchtig kannte, auf Instagram eine Nachricht, sie seien gerade in der Stadt, ob wir uns auf einen Kaffee treffen, sagte ich jedoch oft, dass ich nicht im Urlaub sei, sondern arbeiten müsste und leider keine Zeit hatte. Dies aus dem einfachen Grund, dass ich es oft merkwürdig finde, dass man sich in der Schweiz nie verabredet, wo man ja eigentlich mehr Zeit dafür hätte, sich dann aber im Ausland unbedingt treffen will.

Dieses chamäleonartige Dasein gefiel mir, es hatte nur eine Tücke: Niemand wusste, was ich eigentlich war. Nicht mal ich selbst wusste das. Ich hatte deutlich mehr freie Zeit und wohl deshalb auch mehr Ideen für Unternehmungen als die Leute, die hier wohnten. Aber ich war nicht im Urlaub. Immer wieder warfen mir Argentinier:innen vor, zu viel zu arbeiten, was ich selbst überhaupt nicht so empfand, schließlich schrieb ich immer nur ein paar Stunden pro Tag. Aber ich setzte mich mit wenigen Ausnahmen wirklich jeden Tag hin. Für viele Einheimische war der Fall klar: Ich war aus der Schweiz, und ich kam *nicht* für einen Job in ihr Land. Ergo war ich Touristin. Für eine Touristin unternahm ich zwar genug in der Stadt, aber in ihren Augen sah ich zu wenig vom Land. Wäre es nach meinen argentinischen Freund:innen gegangen, hätte ich jedes Wochenende eine Reise unternehmen sollen: Die Iguazú-Wasserfälle, der Perito-Moreno-Gletscher, die Ortschaften Salta und Bariloche, und so weiter und so fort. Die Liste war lang, und ich hakte nur einen Bruchteil davon ab. Diego, der mexikanische Unternehmer, mit dem ich viel unternahm, war deutlich erfolgreicher im Abhaken. Er hatte es sich selbst zur Aufgabe gemacht, möglichst viel zu sehen, manchmal war er nicht mal sonderlich interessiert an der Destination. Er ging nach dem »Wenn ich schon mal hier bin«-Prinzip vor. Ihm war wichtig, sagen zu können, dass er da gewesen war. Für ihn bestand das Kennenlernen eines Landes darin, möglichst viele Orte zu besuchen. Er wollte »check the box«. Ich bin anderer Meinung. Ich finde, dass man viel Zeit am gleichen Ort verbringen muss, wenn man ihn richtig kennenlernen will. Ich glaube, dass man mit hohem Tempo weniger wahrnimmt, als wenn man langsamer unterwegs ist.

In vielen Fällen gelang es mir, entspannt, aber bestimmt Nein zu sagen, wenn er oder jemand anderes mich fragte, ob ich auf einen Trip in eine andere Stadt oder zu einem Wasserfall mitkommen wollte. Mich überraschte auch immer, mit wie viel Eifer man mir sagte: »Du musst dorthin!« *Musste* ich wirklich dorthin? Dass ich nicht muss, musste ich erst lernen. Bis ich so weit war, war ich immer etwas gestresst in diesen Situationen. Ich hatte Angst, ich würde etwas verpassen, wenn ich nicht gehe. Vielleicht war dieser Gletscher wirklich »ein Muss«? Außerdem sind die Argentinier:innen, wohl nicht zuletzt wegen ihrer schwierigen wirtschaftlichen Lage und der Inflation, die ihr Vermögen täglich schrumpfen ließ, Profis darin, im Moment zu leben. Sie wollten nichts aufschieben, niemals abwarten. Diese Mentalität ist einerseits wichtig und richtig und wird ja auch auf der ganzen Welt gepredigt – in Ländern wie der Schweiz, wo alles genau abgewogen wird und man eher zu lange wartet, als vorschnell zu handeln, mit eher wenig Erfolg –, aber sie birgt auch die Gefahr, dass man sich zu viel aufhalst.

In Buenos Aires geriet ich irgendwann völlig aus der Balance. Ich war ständig unterwegs. Nicht nur an den Abenden, auch meine Tage waren prall gefüllt. Ich traf Regisseur:innen, Produzent:innen und Übersetzer:innen, die meine Stücke in Argentinien inszenieren wollten, und schrieb an meinem neuen Stück. Ich ging regelmäßig ins

Cycling Studio, zu meinem Personal Trainer Mario oder zur Massage ins *Ambar Spa*. Die Massagetechnik hieß »Madero-Therapie«, war nicht wirklich entspannend, aber der letzte Schrei in der argentinischen Wellness-Szene. Die Technik würde das Lymphsystem ankurbeln, den Körper von gespeicherten Toxinen befreien und den Stoffwechsel anregen, sodass er Fett verbrennt. Und das alles auf so effektive Weise, dass man damit seine eigenen Körperkonturen total neu definieren konnte. Obwohl mir die Masseurin jedes Mal versicherte, dass meine Silhouette total anders aussehe, glaubte ich nicht wirklich daran. Aber das war egal. Ich lachte selten so viel wie in diesen Stunden. Die Masseurin brachte mir während der Massage die wildesten Sprich- und Schimpfwörter bei und lachte mich ungeniert aus, wenn ich die Wörter nicht korrekt aussprach.

Vermutlich lag es daran, dass ich die Stadt und mein Leben in Buenos Aires so sehr liebte, dass ich nicht bemerkte, wie ich in einen Strudel schlitterte. Eines Tages fühlte ich mich total ausgebrannt. Auch wenn alles toll war, was ich unternahm, war es zu viel. Es war »zu viel des Guten«. Ich kannte zu viele Menschen, die ich sehr mochte, und wollte möglichst viel Zeit mit allen verbringen. Ich brauchte eine Pause und flüchtete nach Uruguay zwei Stunden mit der Fähre, ganz allein. Ich musste runterfahren, durchatmen.

Es benötigte in den letzten Jahren mehrere solcher kleiner Kollapse, bis ich akzeptierte, dass ich nicht unendlich viel Energie hatte. Egal, wie aufregend ich eine neue Stadt fand und wie sehr mir das Leben darin gefiel, ich hatte nicht unendlich viel Kapazität. Ich glaubte früher, dass ich mit genug Schlaf genug Erholung hätte. Ich war davon überzeugt, dass ich auftankte, wenn ich unter Leuten war, die ich mochte. Ich verstand nicht, dass ich falschlag. Auch wenn ich die Aktivitäten, die Gespräche und Menschen liebte und obwohl ich toll fand, was ich unternahm, verbrauchte es meine Energie.

Ich ahnte zudem lange nicht, dass ich vermutlich mehr Zeit als andere brauchte, um Eindrücke zu verarbeiten. Es gibt Psycholog:innen, die in diesem Zusammenhang von Hochsensibilität reden. Ich habe verschiedene Tests gemacht, bei denen ich ein sehr klares Ergebnis hatte, aber ich hüte mich davor, eine psychologische Analyse zu machen. Aber dass ich stärker auf gewisse Reize reagiere, kann ich nicht abstreiten. Bin ich bei Freund:innen eingeladen und im Hintergrund läuft Musik, muss ich mich doppelt konzentrieren, obwohl ich sie akustisch verstehe. In Großraumbüros bin ich ständig abgelenkt und null produktiv. Aber nicht nur, weil es zuweilen laut ist, sondern weil ich Gefühlsregungen meiner Arbeitskolleg:innen wahrnehme. Die eigenen Gefühle, ob gut oder schlecht, werden ebenfalls sehr intensiv wahrgenommen. Mich beschäftigen Dinge meist noch lange, nachdem sie alle anderen bereits vergessen haben. Stärker auf Reize zu reagieren, mehr Informationen aufs Mal aufzunehmen und alles intensiver zu erleben, hat aber nicht nur Nachteile. Meine Fantasie ist groß und bunt, ich vergesse nichts, erinnere mich auch nach Jahren noch an Details einer Erzählung, und ich arbeite schneller als die meisten. So zu sein bedeutet aber auch, dass man öfter überreizt ist und eine Pause braucht. Ich bin nicht nur schneller, ich bin auch schneller erschöpft.

Ich habe es interessant gefunden, Bücher und Blogs zum Thema Hochsensibilität zu lesen, weil ich mich wiedererkannt und so erfahren habe, dass 10 bis 20 Prozent der Menschen das gleiche Persönlichkeitsmerkmal haben. Für meinen Geschmack wird heute jedoch viel zu oft und großzügig mit psychologischen Begriffen hantiert, die Menschen in verschiedene Gruppen einteilen. Ich denke, es ist nicht ganz so simpel. Ob ich hochsensibel bin oder nicht, finde ich deshalb nicht so wichtig. Wichtig finde ich, dass ich weiß, wie ich damit umgehe, wenn mir alles zu viel wird.

Als ich nach den zwei Tagen in Uruguay zurückkam, sagte mir Claudio bei meiner Rückkehr: »Ich habe dich so vermisst!«, und ich spürte einmal mehr, wie schweizerisch ich war, Worte wie »vermissen« hatte ich äußerst selten im Gebrauch. Ich spürte aber auch klar, dass wir keine Zukunft hatten. Ich glaube, Claudio wusste das ebenfalls. Wir sprachen nie über die Zeit danach. Wir planten nur bis zu meiner Abreise. Wir standen an völlig anderen Punkten im Leben. Und wenn ich in den vergangenen Jahren etwas über Beziehungen gelernt habe, dann dies: Innere Prozesse anderer Menschen kann man nicht beschleunigen. Man kann niemanden anfeuern oder pushen. Jede:r ist in seinem bzw. ihrem Tempo unterwegs. Claudio hatte noch keine Ahnung davon, was ihn denn glücklich machen würde. Er wusste nicht, was für ihn Priorität haben sollte und was seine Ziele im Leben waren. Ich war ebenfalls eine Suchende, aber ich war überzeugt, auf dem richtigen und vor allem auf »meinem richtigen« Weg zu sein. Claudio jedoch, das sagte er selbst, steckte fest. Er war nicht zufrieden mit seinem Job, wusste aber auch nicht, wie er etwas ändern sollte. Er wartete, bis er die Lösung hatte. Er suchte nicht danach, er glaubte, dass sie sich eines Tages einfach so ergeben werde. Vielleicht hatte er recht. Vielleicht war das sein Weg. Ich war nicht traurig, als sich unsere Wege trennten. Es war schön – und ein erstaunlicher Zufall –, dass sie sich überhaupt gekreuzt haben. Claudio sah das wohl ähnlich. Als ich einige Monate später beim JFK-Flughafen in New York in der Schlange für die Passkontrolle wartete, klickte ich auf sein Instagram-Profil. Ich musste lachen. In seiner Bio stand tatsächlich: »Bless the rugby!«

New York

Die perfekte Situation

Gäbe es New York nicht, wäre ich jetzt vermutlich verheiratet und Mutter zweier Kinder, die bald zur Schule gingen. New York hat mein Leben verändert. Mit New York hat alles erst angefangen.

Ich war 26 Jahre alt und führte ein um 180 Grad anderes Leben als jetzt. Ich wohnte seit vier Jahren mit meinem damaligen Freund in einer schönen Altbauwohnung mitten in Zürich. Noch länger als in der Beziehung und der Wohnung war ich in meinem damaligen Job. Mit zwanzig hatte ich angefangen, als Reporterin beim Fernsehen zu arbeiten, und drei Jahre später kamen Aufträge als Kolumnistin und Autorin hinzu. Mir gefiel meine Arbeit, ich mochte meine Wohnung und liebte meinen

Freund – aber irgendetwas stimmte nicht. Ich hatte das Gefühl, zu früh mit *allem* angefangen zu haben. Als wäre ich in einem Leben gelandet, das ich nicht selbst gebastelt hatte, sondern das schon fix und fertig für mich bereitgestellt wurde. Es war nicht so, dass mir alles zugefallen ist, für einige Dinge musste ich hart arbeiten und lange kämpfen. Aber es war so, als würde ich ein Leben führen, das mir nicht recht passte. Wie ein Schuh, der nicht zu klein und auch nicht zu groß ist, der super aussieht, der aber doch immer leicht drückt. Von außen betrachtet war alles »perfekt«: Ich hatte einen tollen Freund, eine schöne Wohnung und einen großen Freundeskreis. Ich hatte nicht nur irgendeinen Job, der mich über Wasser hielt, sondern einen, den ich mochte, und ich war sogar ziemlich erfolgreich darin. Ich war eine Vorzeige-Mittzwanzigerin. Ich tat pflichtbewusst, was die Gesellschaft von mir erwartet hatte. Ich machte alles *richtig* – und doch fühlte es sich irgendwie falsch an.

Weil ich nicht undankbar sein wollte, würgte ich die kritischen Stimmen in meinem Kopf immer sofort ab. Ich hatte alles, was man sich wünschen konnte, ich durfte mich nicht beklagen. Was mich so matt machte, war Folgendes: Obwohl ich noch jung war, fühlte ich mich sehr alt. Ich war nicht gelangweilt, dafür war mein Alltag zu abwechslungsreich. Aber ich steckte fest. Ich war auf die schnellste Autobahn eingebogen, und es gab weit und breit keine Abzweigungen mehr. Volles Tempo, immer geradeaus. Mehr und mehr lag ich nachts stundenlang wach und fragte mich, was ich ändern könnte – und ob ich überhaupt etwas ändern soll, wenn ich doch alles hatte, was man sich wünschen konnte.

Dass ich für zwei Monate nach New York ging, ist eigentlich Robbie Williams zu verdanken. Ich musste den Sänger für ein Magazin in London interviewen und hatte exakt dreißig Minuten Zeit, um mit ihm in der Suite eines Hotels über sein neues Album zu reden. Das Interview lief gut. Er lag entspannt auf dem Sofa, futterte genüsslich meine mitgebrachten Pralinen und beantwortete meine Fragen. Er machte Witze, ich lachte. Was ich nicht konnte, war kontern. Mein Englisch war schlicht nicht gut genug dafür. Ich verstand alles, was er sagte, wusste auch, was ich entgegnen wollte, aber bis ich mein Sätzchen zurechtgelegt hatte, war der Moment vorbei, und ich war gezwungen, meine nächste Frage zu stellen. Ich entschied noch auf dem Heimweg: Ich muss besser Englisch lernen. Ich wollte die Sprache so gut beherrschen, dass ich genauso sarkastisch und schlagfertig sein konnte wie auf Deutsch.

Ich nahm unbezahlten Urlaub beim Fernsehsender, ging für acht Wochen nach New York, arbeitete von dort aus weiter als Kolumnistin und lernte nebenbei Englisch. Ich mietete ein Zimmer in einer winzigen Wohnung im East Village. Mein Mitbewohner war ein junger Medizinstudent, der ein Praktikum in einem Krankenhaus in der Bronx machte und wegen der verrückten Arbeitszeiten manchmal so müde war, dass er einschlief, während er eine Schüssel Cornflakes aß. Er nickte ein, während er den Löffel zu seinem Mund führte. In der Bewegung!

New York war alles, was ich vermisst hatte. Ich konnte so viele Dinge in einen Tag packen – wenn ich abends ins Bett fiel, war mir schleierhaft, wie es möglich war, so viel erlebt zu haben. Ich war nie müde, obwohl ich ständig neue Leute kennenlernte, mit denen ich bis spät in die Nacht unterwegs war. Ich war elektrisiert und berauscht. Ich weiß nicht, was New York hat, was andere Städte nicht haben. Es ist ein Mix aus vielen Zutaten, die ich gar nicht alle benennen kann. Ich kenne auch viele, die New York hektisch und deshalb anstrengend finden, und obwohl ich es nicht mag, wenn man *meine* Stadt kritisiert, verstehe ich total, warum sie so denken. New York *ist* hektisch. New York *ist* laut, und im Sommer ist New York dazu noch unfassbar heiß. Aber obwohl es so ist, werde ich ganz ruhig, kaum bin ich gelandet. Das Gedankenkarussell kommt zum Stillstand, mein Atem wird langsamer, es ist, als würde mein ganzer Körper in seinen Sollzustand zurückschwingen. Nicht weil ich in New York einen gesünderen Lifestyle pflege – im Gegenteil –, aber es ist der Ort, der meinem Wesen am meisten entspricht. Es ist ein Gefühl der Freiheit, das ich nirgendwo sonst erlebte.

Nach acht Wochen New York flog ich zurück nach Zürich und stellte mein Leben um. Das geschah nicht sofort, aber nach einem Jahr war nichts mehr, wie es mal war. Ich kündigte meinen Job beim Fernsehen, beendete meine Beziehung und gab die Wohnung auf. Sosehr vor allem die Trennung schmerzte, so richtig fühlte sich alles an. Ich hätte wohl schneller ein unkonventionelleres Lebensmodell interessant gefunden und wäre Teilzeit-Nomadin geworden, hätte ich mich nicht kurz danach neu verliebt. Ich war wieder im Takt der Gesellschaft, machte wieder alles *richtig*. Nur war ich diesmal in einer Beziehung, die so verwirrend war, dass sie mich von der Gleichartigkeit ablenkte. Ich dachte lange, dass dieses neue Leben komplett anders, viel moderner und spezieller war und dass Freiheit und Abenteuer nicht nur leere

Begriffe waren. Aber das war falsch. Die Beziehung war ein sehr enges Korsett, sie war einfach besser getarnt. Erst mit ihrem Ende an meinem dreißigsten Geburtstag fing ich an, nach meinem persönlichen Lebensmodell zu suchen.

Ich war in den Jahren nach meinem ersten Aufenthalt immer wieder in New York, meistens wenn meine Freundin Lena verreist war und jemand brauchte, der auf ihre Katze aufpasste. Lena war ebenfalls Schweizerin und lebte in der, wie ich finde, schönsten Wohnung in New York im Stadtteil Fort Greene. Ich bildete mir ein, dass ich die beste Catsitterin weit und breit war und sie deshalb mich anrief, wenn eine längere Reise anstand. In Wahrheit aber, sagte sie mir irgendwann, war sie von Anfang an sicher, dass ich »nach New York gehörte« und sie mich so »slowly but surely« herholen wollte. Es war, wie sie es ausdrückte, »subtile Überzeugungsarbeit«, die sie leistete. Sie hätte mich gar nicht überzeugen müssen. Ich wollte ohnehin immer kommen. Ganz auswandern war mir nicht möglich. Wegen verschiedener Aufträge und Jobs musste ich regelmäßig in der Schweiz sein. Ich könnte nun so tun, als wäre das der Grund gewesen. Als wären diese Projekte für mein Nicht-Auswandern verantwortlich. Aber ich hätte diese Jobs aufgeben können. Es hätte Mut und vermutlich eine Neuausrichtung benötigt, aber es wäre nicht unmöglich gewesen, zu gehen. Ich schob die Arbeit vor, wie alle, die mir immer sagten, dass sie nichts an ihrem Leben ändern können. Ich hätte es schon ändern können. Ich wollte einfach den großen Schritt noch nicht wagen. Ich war nie bereit, Zürich ganz loszulassen. Ich sagte Lena immer, dass es irgendwann so weit wäre. Dass ich irgendwann ganz und für immer herziehen würde. Aber wann und sogar ob dieses *Irgendwann* eintreffen würde, wusste ich nie. Ich war im Jahr mehrere Monate in New York, überzog aber nie die erlaubten 90 Tage Aufenthalt, die man ohne Visum bleiben darf.

Fünf Jahre nach meinem Aufenthalt in Paris und fast zehn Jahre nach meinem ersten Besuch in New York wollte ich wieder einmal länger in der Stadt leben. Ich wollte den Großteil dieses Buches schreiben und musste dafür raus aus Zürich. Im Gegensatz zu den Jahren davor wartete ich nicht, bis Lena wegfuhr und jemanden brauchte, der auf die Katze aufpasste. Ich suchte mir selbst eine Bleibe und fand dank des E-Mail-Verteilers »Listings Project« eine Wohnung in Prospect Heights. Der Grundriss entsprach einem langen Schlauch, und im Wohnzimmer standen fünf Tische. Alle mit zwei Stühlen dran. Was der Grund für die vielen Tische und Stühle war, habe ich nie herausgefunden. Die Zwei-Zimmer-Wohnung kostete 2500 Dollar im Monat, was für New York ein guter Preis war, und gehörte einer französischen Film-Agentin.

Ich landete an einem Montag und traf kurz darauf meine Freundin Mia zum Dinner. Mia lernte ich bei meinem ersten Aufenthalt in New York kennen. Ich mietete das winzige Zimmer im East Village auf Airbnb von ihr, und wir freundeten uns an. Damals hatte sie einen Freund, der viel zu oft und viel zu viel trank, und war arbeitslos. Heute ist sie Beraterin einer der größten PR-Firmen des Landes und gerade mit ihrer Freundin in eine zweistöckige Wohnung in Williamsburg gezogen, die 6000 Dollar im Monat kostet. Unsere Leben entwickelten sich immer wieder in sehr unterschiedliche Richtungen. War ich gerade frisch verliebt, war sie in einer exzessiven Dating-Phase; musste ich mich wegen eines Projektes reinknien, schmiss sie den Job hin. Zwischenzeitlich lebte sie nicht mehr in der Stadt und kam nur nach New York, wenn ich ebenfalls gerade in der Stadt war. Vieles, was ich über amerikanische Traditionen lernte, weiß ich dank ihr. Sie brachte mir alles über Marching Bands, den Prom und die verschiedenen Pflichten von Bridesmaids bei. Sie versucht mir auch seit Jahren – ziemlich erfolglos – den Zauber von Halloween näherzubringen. Im Herbst gleicht ihre Wohnung über Wochen hinweg einem wild dekorierten, gruseligen Geisterschloss, eine Sache, die ich nie verstehen werde.

Wir gingen ins *Koto Sushi* an der Flatbush Avenue in Brooklyn, wo mich die Restaurantbesitzerin wie jedes Mal mit den Worten »You back!« begrüßte. Mia und ich verbrachten immer den ersten Abend in diesem Restaurant, es war unser Begrüßungsritual. Nirgendwo sonst hatte ich so viele Rituale und Traditionen wie in New York. Mit Zoey, einer Schmuckdesignerin aus Ohio, ging ich vor jedem Musicalbesuch ins *Sugarfish* und bestellte das Omakase-Trust-Me-Menü. Wir verbrachten mindestens eine Happy Hour im Restaurant *The Bedford* in Williamsburg, tranken vergünstigte Margaritas und schlürften Austern dazu. Ich besuchte mindestens einmal pro Aufenthalt den *Comedy Cellar* und die *Rockwood Music Hall*. Meine Joggingroute führte entweder dreimal im Kreis durch den *Fort Greene Park,* oder ich machte die große Runde im *Prospect Park*. Mit Lena und ihren Kindern hat sich »The Mondays« etabliert, was so viel bedeutet, dass ich jeden Montag für ein frühes Abendessen, also schon um 18 Uhr, zu ihnen fuhr und nicht mal klingeln musste, weil ich einen eigenen Schlüssel zur Wohnung besaß. Zwischenzeitlich besaß ich Schlüssel zu drei Wohnungen in New York. Für den Fall der Fälle, dass ich irgendwo »crashen« musste, und damit ich, wenn nötig, die Pflanzen gießen oder die Katze füttern gehen konnte.

In New York fühlte ich mich sofort zu Hause. New York brauchte keine Aufwärmphase, kein Abwarten fürs Ankommen, kein Angewöhnen. Nicht mehr. New York habe ich so oft besucht, dass ich mir hier ein zweites Leben aufgebaut habe. Es war vergleichbar mit Paris, wo ich ebenfalls viel Zeit verbrachte und einen kleinen Freundeskreis und »meine« Orte hatte. In New York passierte das jedoch auf einem ganz anderen Level. In New York habe ich mich *eingerichtet*. Ich habe ein eigenes Fahrrad, das bei Freunden im Keller auf mich wartet. Ich habe zusätzlich ein City-Bike-Abo, wenn ich nur hin-, aber nicht zurückfahren will. Ich habe »meine« Wimpernwellen-Kosmetikerin in der *Mai Lash Bar*, bei der ich jedes Mal eine Behandlung buchte, wenn ich in New York war, was sich mit den Jahren summierte. Wir wurden keine engen Freundinnen, aber ich weiß dank der vielen Besuche genau, wie alt ihre Tochter ist, wie es ihrem irischen Mann geht und wie der letzte Urlaub in Kobe, ihrer Heimatstadt in Japan, war. Ich habe Schuhe und Kleider in New York und kann mit Handgepäck reisen, weil meine Produkte für Haut und Haar ebenfalls gut verstaut bei Lena bereitliegen. New York ist meine bestfunktionierende »Long term«- und »Long distance«-Beziehung, und ich habe immer noch ein Kribbeln im Bauch, wenn ich nach langer Zeit wieder in der Stadt bin.

Nachdem wir unser Sushi gegessen hatten, gingen Mia und ich auf einen Drink ins *Endswell* an der Fulton Street. Um 22:00 Uhr wechselte Mias Uhr in den Schlafmodus, der kleine Screen blinkte zweimal auf und wurde schwarz.

»Das Zeichen, dass ich nach Hause gehen und ins Bett muss«, sagte sie. »Aber ich mache eine Ausnahme für dich.«

War ich in New York, machte sie ständig Ausnahmen, jammerte sie manchmal. Sie war nicht die einzige meiner Freund:innen, die klagte, dass sie nie so viel vorhätte, wie wenn ich in der Stadt war, weil ich sie von Musical zu Museum, von Konzert zu Comedy Show und von Bar zu Bar schleppte. Ich nahm diesen Vorwurf nie ernst, denn kaum war ich wieder zurück in der Schweiz, schrieben sie mir, wie langweilig es war ohne mich. Was bestimmt genauso übertrieben wie ihr Jammern war. Wie man in New York ständig zu Hause bleiben konnte, konnte ich nicht verstehen. Ich lernte während meiner Aufenthalte einige kennen, die ganze Wochen in ihrer Wohnung verbrachten, von dort aus arbeiteten oder irgendwo in einem Büro zehn bis zwölf Stunden am Computer saßen und abends Essen per Lieferdienst nach Hause bestellten. Sie lebten zwar in New York, erlebten New York aber so gut wie nicht. Ich konnte dieses Lebensmodell nicht nachvollziehen. Die Mieten sind unfassbar hoch. Nicht einfach etwas höher als in Zürich, wo das Leben auch sehr teuer ist, sondern etwa doppelt bis dreimal so hoch. Eine Zwei-Zimmer-Wohnung kostet gerne drei bis viertausend Dollar pro Monat. Nicht weil sie ein solch prachtvolles Juwel war. Die meisten Wohnungen haben wenige Fenster und alte Heizungen, die bei kaltem Wetter laute Pfeifgeräusche machen. Badezimmer sind oft winzig und Küchen Luxusgut. Einige Studios haben stattdessen einen Wasserkocher, eine Mikrowelle und einen Mini-Fridge. Kein Wunder wird in New York vom Toastbrot bis hin zur Pasta mit Tomatensoße alles per Kurier bestellt. Auch alles andere wird so gekauft. Jeden Tag liegen überall Päckchen vor der Tür. Die vielen Läden in Soho sind nur für den Tourismus, so bin ich überzeugt. Wer in New York lebt, kauft online ein. Was die Erklärung für die horrenden Mieten ist: Location, Location, Location. Das verstehe ich. Was ich aber nicht verstehe: Warum gibt man so viel Geld für eine Wohnung in New York aus, wenn man dann nur in der Wohnung ist und gar nichts von New York sieht?

Mia und ich tranken unsere Cocktails in Martini-Gläsern, es war zwar erst April, aber fast dreißig Grad warm. Ob sich Ryan schon bei mir gemeldet hat, wollte sie wissen. Ich nickte.

»Er hat am Wochenende geschrieben und gefragt, wann ich lande, und gleich bei meiner Ankunft eine Sprachnachricht geschickt.«

Mia wollte Ryan endlich kennenlernen, also schickte ich ihm eine Nachricht und fragte, ob er noch auf einen Drink rauskommen wollte. Er wollte, hatte aber am nächsten Morgen ein Vorstellungsgespräch und musste um 5 Uhr aufstehen. Nicht der beste Moment für ein Kennenlernen, fanden wir alle.

»Ich bin ja fast zwei Monate hier«, sagte ich zu Mia. »Wir haben genügend Zeit.«

Ryan traf ich seit zwei Jahren. Er war meine längste und beste »Situationship«, die ich je hatte. Eine Situationship ist weniger als eine Beziehung, aber mehr als nur Sex. Es ist eine romantische Beziehung, die undefiniert ist und nicht das Ziel hat, definiert zu werden. Sie fühlt sich real an, ist aber nicht Realität.

Ryan und ich haben uns im *Dino*, einem kleinen italienischen Restaurant in Fort Greene, Brooklyn, das erste Mal getroffen. Er fiel mir schon auf, als er durch die Plastiktür in die »Booth« auf der Straße kam. Im Gegensatz zu vielen Männern, die ihre Schultern etwas nach vorne gebeugt hängen lassen, ging Ryan so aufrecht, als würde er von einem Faden nach oben gezogen. Er war in Little Caribbean in Brooklyn aufgewachsen, durfte aber wegen eines IQ-Tests an eine Eliteschule in Manhattan gehen und studierte danach an einer Ivy-League-Universität. Wir sahen uns relativ oft, wenn ich in der Stadt war, im Schnitt zweimal die Woche. War ich nicht in New York, beschränkte sich unser Kontakt auf eine Nachricht pro Monat – Maximum. Manchmal hörten wir auch monatelang nichts voneinander, und ich meldete mich erst wieder, wenn ich amerikanischen Boden unter den Füßen hatte. Dass er dieses Mal schon vor meiner Ankunft eine Nachricht schickte und wissen wollte, wann ich ankam, war ein Novum.

Was der Auslöser dafür war, wusste ich nicht. Wir redeten kaum über uns. Was wir sein könnten, ob wir etwas sein sollten. Einzig die ferne Zukunft wurde öfter mal angesprochen: »Unsere Kinder würden absolut super aussehen«, sagte er mir schon bei unserem allerersten Treffen. Sollte ich je Kinder haben wollen, sollte ich ihn umgehend anrufen, bemerkte er auch danach immer mal wieder. Ich lachte über seine Aussagen, fand es aber gar nicht mal eine so schlechte Vorstellung. Ryan war seit eh und je Single. Er fand diesen Zustand das einzig Richtige. Wir führten manchmal lange Diskussionen darüber, warum die Bevölkerung so interessiert daran war, sich in Duos zu gruppieren. Er war der Meinung, dass die meisten Menschen besser dran wären, würden sie allein sein und die Zeit ohne Beziehung nicht als Zwischenphase betrachten. Er glaubte, dass die besten Verbindungen diese seien, die kaum als solche gelten. Er war kein Verfechter der Polygamie- oder amorie. Er war ein Verfechter des Alleinseins. Für ihn war es unvorstellbar, sich an eine Person zu binden und ihr zu versprechen, verbunden zu bleiben. Er hatte einmal eine Beziehung, die drei Monate dauerte. Das genügte ihm. Ich war ebenfalls der Meinung, dass sich viele, vielleicht sogar *zu* viele Leute in Beziehungen begeben, weil sie ungern allein sind, und dass dies nicht der beste Grund für ein glückliches Zusammensein ist. Aber ich war deutlich romantischer als er und glaubte an die Liebe. Ich hatte schon gesunde, stabile Beziehungen gehabt und wusste, wie gut das gemeinsame Leben sein kann. Dass er anders als ich dachte, störte mich nie. Ich war ja ohnehin sehr oft weg. Es war die perfekte Situation für mich: War ich in New York, war Ryan da. War ich weg, war ich frei.

Reich ohne Reichtum

Nach vier Wochen in New York kamen Diego und eine Freundin von ihm, die ich ebenfalls in Argentinien kennengelernt hatte, für ein paar Tage in die Stadt. Diego hatte wie erwartet viele Pläne für die wenigen Tage in New York. Er wollte verschiedene Bars und Speakeasys austesten, darunter das *Beauty & Essex*, *The Back Room* oder das *LB*. Er wollte für einige Konzerte in die *Rockwood Music Hall* und mindestens einmal in den *Comedy Cellar*. Beinahe hätten wir uns die Show »Sleep No More« angeschaut, die wir für die beste Show der Stadt hielten, aber da wir sie beide nun schon mehr als einmal gesehen hatten, entschieden wir uns stattdessen für ein Spiel der Yankees. Wir fuhren also in die Bronx und gingen nach dem Spiel für ein paar Gin Tonics in die *Yankee Tavern* gleich neben dem Stadion. Davon musste ich mich erst mal erholen. Außerdem musste ich die ersten Kapitel dieses Buches schreiben und konnte nicht so tun, als wäre ich im Urlaub. Zwei Tage später wollte Diegos Freundin auf Shoppingtour gehen, und ich traf mich mit ihm für Eggs Benedict und Breakfast Cocktails im Brunchlokal *Jack's Wife Freda* im West Village. In New York gab ich wie immer deutlich mehr Geld aus als in allen anderen Städten. Ich kann nicht genau erklären, weshalb es so ist. Das Leben in New York ist unglaublich teuer, das war schon immer so, und wegen der Inflation wurde es noch verrückter. Warum ich mir aber in New York einen 20-Dollar-Cocktail gönne, wo ich in Zürich finde, dass das viel zu viel für ein Getränk ist, weiß ich nicht so genau. Die Stadt ändert meine Art, Geld auszugeben, ohne dass ich es wirklich merke. Immerhin ändert sie meine Lust oder besser gesagt, meine Abneigung gegenüber Shopping nicht, sonst würde mich die Kreditkartenabrechnung nach ein paar Wochen dort wohl in den Ruin treiben. New York hat nicht nur auf mich diese Wirkung, erfuhr ich an diesem Vormittag im West Village. Diego erzählte mir, dass er, wenn er in Los Angeles ist, wo er gewöhnlich lebt, meist zu Hause aß, um Geld zu sparen, und kaum weggehe. Ist er jedoch in New York, lässt er nichts aus. Wir begannen, über unseren Umgang mit Geld zu reden und darüber, warum er in jeder Stadt so anders ist. So wie sich die Persönlichkeit mit dem Sprechen einer anderen Sprache ändert, ändert sich vielleicht auch der Umgang mit Geld. Irgendwann sprachen wir über unsere Löhne und unser Vermögen. Das war außergewöhnlich. Nicht, weil Diego selten über Geld sprach – sein Job bestand darin, möglichst gute Deals abzuschließen, alles im sieben- oder achtstelligen Bereich –, er redete tagtäglich über Geld. Aber natürlich nie über sein eigenes. Dass jemand offen über sein Gehalt und seinen Kontostand sprach, erlebte ich so gut wie nie.

Das irdische Äquivalent zu Voldemort, zu »dem, dessen Name nicht genannt werden darf«, ist das Thema Geld. Das ahnte ich zwar, es wurde mir aber erst richtig bewusst, als ich anfing, eine Schweizer TV-Show und einen Podcast zu moderieren. In meinem Podcast sprach ich mit Prominenten über Tabuthemen wie Sex, Tod und eben Geld. Und für das Schweizer Fernsehen suchte ich auf der Straße junge Leute, die mir ihr Smartphone übergaben. Ich schaute alles an, angefangen beim Suchverlauf auf Google bis hin zu ihren Dating-Profilen und den gelöschten Ordnern. Ich war jedes Mal überrascht, wie offen und ehrlich meine Gäste in beiden Shows waren. Die Prominenten redeten über ihre schwersten Verluste und sexuellen Vorlieben, und die Gäste der anderen Show gaben mir Zugriff auf ihr Smartphone, das aktuell persönlichste Gerät, das wir besitzen. Ich durfte alles anschauen – außer die App ihrer Bank. Der Kontostand wurde immer verheimlicht, der Lohn nie verraten. Auf meinen Reisen waren meine Erfahrungen ähnlich. In New York, Paris, Berlin oder Mexico City wurde so gut wie nie offen über den eigenen Lohn gesprochen. Auch in Buenos Aires wurde nur über den Wertverlust der Währung gesprochen, die eigenen Finanzen behielt man für sich.

Ich war diesbezüglich anders. Wer mich privat kannte, konnte mich immer fragen, wie viel ich bei meinen Projekten verdiente, was mein Vorschuss bei einem Buch oder das Honorar für ein Theaterstück war, und ich gab ehrlich Antwort. Nicht weil ich prahlen wollte, das hätte auch gar nicht geklappt. Obwohl ich Erfolg hatte, war es kein Geheimnis, dass in der Kulturbranche bis auf ganz wenige Ausnahmen niemand richtig reich wurde. Dass ich immer Zahlen nannte und nicht vage blieb, hatte einen einfachen Grund: Ich wäre früher sehr dankbar für diese Infos gewesen, bekam sie aber nicht und musste meine Lektion auf die harte Tour lernen. Zu Beginn meiner Karriere sagte ich Ja zu Honoraren, die weit unter den üblichen Beträgen lagen, und unterschrieb Verträge, die eigentlich nie hätten aufgesetzt werden dürfen. Das war nur logisch, ich hatte ja absolut keine Ahnung, was ich verlangen konnte. Man kann keinen guten Deal aushandeln, wenn man nicht weiß, was ein guter Deal ist. Ich hatte niemanden, der mich beraten konnte. Ich komme nicht aus einer Familie von Kunstschaffenden. Meine Eltern waren Lehrpersonen, meine Großeltern arbeiteten in einer Gerberei und führten ein Restaurant. Einzig der Vater meiner Mutter, den ich nie kennengelernt hatte, weil er vor meiner Geburt gestorben ist, hatte ebenfalls einen Beruf in der Kulturbranche: Er war Pianist und spielte Musik zu Filmen, als diese noch schwarz-weiß und ohne Ton gezeigt wurden. Aber: Er kam 1903 auf die Welt, und die Beträge, die er in einem kleinen Notizheft, seinem Lohnbüchlein, notiert hatte, halfen mir kein bisschen weiter. Für seine Auftritte bekam er Anfang des letzten Jahrhunderts gerade mal ein paar Franken.

Meine Freund:innen konnten mir ebenfalls nicht weiterhelfen. Niemand tat, was ich tat. Alle hatten feste Jobs, waren Ärztinnen, Ingenieure oder Lehrerinnen, arbeiteten im Marketing oder den Medien. Ich war die Erste in meinem Umfeld, die sich selbstständig machte. Ich konnte mich nicht austauschen, zudem haben mir Auftraggeber:innen oft gesagt, ich dürfe die Höhe meines Honorars auf keinen Fall weitererzählen – was ich rückblickend eine Frechheit finde.

Mittlerweile weiß ich, was in etwa üblich ist. Ich habe heute sogar eine Literaturagentur für meine Bücher und einen Theaterverlag für meine Bühnenwerke, die sich noch besser auskennen und Deals für mich abschließen. Aber niemand beginnt seine Karriere mit einer Agentin. Niemand hat bei seinen ersten Gigs ein Management. Alle fangen allein und klein an. Und viele nehmen schlechte Angebote an, weil sie nicht wissen, was gängig ist. Damit Freund:innen, die einen ähnlichen Weg einschlagen wollten, ein paar dieser Hindernisse einfacher überwinden konnten, teilte ich mein Wissen mit ihnen. Ich nannte Zahlen und die damit verknüpften Bedingungen. Ich erzählte von meinen Verhandlungen und zeigte meine Verträge. Vor allem mit Frauen habe ich ehrlich über Honorare und Löhne geredet, weil wir auch in der heutigen Zeit wegen strukturellem Sexismus benachteiligt sind.

Aber abgesehen von feministischen Gründen glaube ich, dass das Tabuisieren von Geld vor allem denjenigen hilft, die viel Geld haben, oder denen, die entscheiden, wie viel Geld jemand bekommt. Meine Erziehung hat meinen Umgang mit Geld und meine Art, darüber zu sprechen, sicher beeinflusst. In meiner Kindheit wurde offen über Geld gesprochen. Wir waren nicht reich, im Gegenteil, wir gehörten zum Mittelstand und aufgrund der Entscheidung meiner Eltern, je nur fünfzig Prozent zu arbeiten, eher zum unteren Bereich. Klamotten wurden secondhand gekauft und die Ferien in der Schweiz verbracht. Gestört hat mich das nie. Ich kann mich nicht an einen Moment in meiner Kindheit erinnern, in dem ich mir gewünscht hätte, dass es anders wäre. Das liegt sicher auch daran, dass wir zwar nicht reich, aber auch nicht arm waren. Ich verstehe, dass man sich um Geld sorgt, wenn es knapp ist. Ich denke aber, dass sich viele der privilegierten Gesellschaftsschichten, die mehr Geld haben, als sie zum Leben brauchen, zu sehr vom Geld bestimmen lassen. Sie nehmen viel Stress, schlaflose Nächte, Konkurrenzkampf und wenig Freizeit in Kauf, damit sich der ohnehin große Betrag auf ihrem Konto weiter vergrößert. Dieser Wunsch, »immer mehr« Geld zu haben, ist in vielen Leuten tief verankert. Warum wir »immer mehr« haben wollen und was wir uns dadurch erhoffen, mit diesen Fragen beschäftigen sich aber meiner Meinung nach zu wenige. Wir fragen uns viel zu selten, welchen Preis wir dafür zahlen, mehr Geld zu bekommen.

Ich kenne einige, die die Karriereleiter emporgeklettert sind, aber mit jedem Schritt unzufriedener wurden. Speziell in der Medienbranche habe ich das mehrmals beobachtet. Einige befreundete Redakteur:innen wurden alle paar Jahre befördert, bis sie sich irgendwann nicht mehr mit Schreiben beschäftigt haben, sondern nur noch in Sitzungen mit der Geschäftsleitung der Zeitung, an der Budgetplanung und bei Mittagessen mit »wichtigen«

Werbeleuten saßen. Nur wenige mochten diese Arbeit, die meisten von ihnen waren ja wegen des Recherchierens und Schreibens in den Journalismus eingestiegen. Aber die Bezahlung als Chefredakteur oder Abteilungsleiterin war natürlich besser. Das Ansehen war ebenfalls höher. Dass sie die meiste Zeit mit einer Tätigkeit verbrachten, die ihnen gar nicht behagte, nahmen sie in Kauf. Ich kenne nur eine Person, die nach einigen Jahren die Karriereleiter bewusst wieder runtergeklettert und zur ursprünglichen Passion zurückgekehrt ist. Er verdient heute weniger als vor einigen Jahren, und sein Schritt hat viele irritiert, er jedoch bereut ihn nicht.

Ich hatte nie das Interesse, viel Geld zu verdienen. Ich wollte genug haben, um ohne Unterstützung über die Runden zu kommen, aber Reichtum und Eigentum reizten mich nie. Dass ich dieses Bedürfnis nicht hatte, ermöglichte es mir, freier zu denken und zu entscheiden. Dass es so ist, liegt kaum an mir selbst. Meine Eltern haben mir nie gesagt, dass ich mal einen »guten Job« haben muss. Anders als einige Freund:innen war ich komplett frei in meiner Berufswahl. Ich kannte viele, die ein Studium begannen, nicht weil sie das Fach so spannend fanden, sondern weil ihre Eltern ihnen gesagt haben, dass sie »etwas Richtiges« studieren müssten. Ich kenne auch viele, die in einem Job arbeiten, der ihnen keinen Spaß macht, jedoch gut bezahlt ist. Viele lernten von früh auf, dass viel Geld bedeutet, dass etwas wertvoll und wichtig ist. Ein weiterer Grund für die Berufswahl oder eine Anstellung ist, wie in so vielen Bereichen, sich mit anderen zu vergleichen, und der daraus resultierende Gedanke, was »richtig« ist. Wer sich an der Masse orientiert, findet meinen Lebensentwurf mit Sicherheit komplett falsch. Ich sagte in den letzten Jahren so oft Nein zu Jobs, die finanziell lukrativ gewesen wären, und das, obwohl ich Zeit dafür gehabt hätte – und obwohl ich ein eher bescheidenes Vermögen auf der Bank liegen hatte. Das ist konträr zu dem, was unser kapitalistisches System gutheißt. Und auch zu dem, was Diego für mich vorschwebte. Er kam zum Schluss, dass ich meine Arbeit effizienter gestalten sollte. Obwohl ich viele Freiheiten hatte, war ich sehr oft in irgendeiner Weise mit einem Projekt beschäftigt – und sei dies nur, weil ich zu einem Mittagessen ging, um mich auszutauschen. Mich störte das nie, weil mir all die Projekte großen Spaß machten, aber es war zugegeben viel Zeit, die keinen konkreten finanziellen Zweck erfüllte. Würde ich dies ändern, überlegte Diego weiter, könnte ich mehr Geld auf die Seite legen. Das war sein Ziel für mich. Dass ich nicht erst im Rentenalter, sondern schon etwas vorher »ein schönes Leben« hatte. Es war seinem persönlichen Ziel sehr ähnlich. Falsch, es *war* sein Ziel. Er war knapp vierzig und wollte noch höchstens zehn Jahre arbeiten. Dann werde er sich pensionieren lassen, sagte er. Jetzt sei sein Leben manchmal sehr anstrengend und er habe kaum freie Zeit, aber das gleiche sich aus.

Was er ignorierte, war meine Aussage, dass ich schon jetzt ein in meinen Augen »schönes Leben« leben konnte. Er war der Ansicht, dass ich wegen eines niedrigeren Kontostands auf vieles verzichten musste. Dass ich mir gewisse Dinge nicht leisten konnte, war auch absolut richtig, aber die Definition von Verzicht ist die »Aufgabe eines Wunsches«, und das war für mich der entscheidende Punkt: Ich hatte kein Bedürfnis nach teuren Handtaschen. Ich wünschte mir keine Rolex. Teuren Schmuck besitze ich nicht, und meine Klamotten stammen nie von einem Designerlabel. Vieles in meinem Kleiderschrank bekam ich von Freundinnen geschenkt, weil sie es nicht mehr tragen wollten. Ich hatte auch nie den Wunsch, ein Auto zu kaufen, und wollte nicht die Eigentümerin eines Hauses sein. Hätte ich andere Vorstellungen und Wünsche, müsste ich wohl definitiv mehr Geld verdienen und mich beruflich anders aufstellen. Aber ich verzichtete nicht auf diese Dinge, ich wollte sie gar nicht erst haben.

Das Konzept, in jungen Jahren viel zu arbeiten, um später nicht mehr arbeiten zu müssen und das Leben genießen zu können, hörte ich nicht zum ersten Mal. Auf meinen Reisen traf ich immer wieder Expats, die kaum etwas von ihrer Wahlheimat sahen, weil sie täglich Überstunden machten und auch die Wochenenden vor dem Laptop verbrachten. Sie wählten die Orte, in denen sie lebten, oft auch, weil sie dort besonders viel Geld sparen konnten, nicht weil sie den Ort so toll fanden. Sie hatten alle das gleiche Ziel: Sie wollten Geld sparen und dann früh in Rente gehen. Ich habe Schwierigkeiten mit diesem Konzept. Wegen des Todes meines Vaters war mir meine eigene Endlichkeit früh bewusst. Ich hätte Angst, dass ich vor der Frührente sterben würde und dann mein ganzer Einsatz umsonst war. Mein Vater war 52 Jahre alt, als er gestorben ist. Sein Bruder ist sogar nur 48 geworden. Beide hatten einen Herzinfarkt. Beide konnten nicht wissen, dass sie früh sterben würden. Es war ihr Glück, dass sie beide nicht auf die Karte Karriere, sondern auf die Karte Leben gesetzt haben. Mein Vater, indem er nur fünfzig Prozent als Lehrer und die restliche Zeit bei der

Familie verbracht hat, und mein Onkel, indem er seine Zeit lieber in Musik, seine Freund:innen und die Familie statt in das Erklimmen einer Karriereleiter investiert hat. Beide waren fleißige, einsatzfreudige Männer. Aber ihr Fleiß und ihr Einsatz konzentrierten sich nicht nur auf Bereiche, die mit Geld vergütet wurden. Hätten sie so gelebt, dass sie bis fünfzig das meiste ihrer Zeit in die Arbeit gesteckt hätten, im Kopf ständig die Idee, dass es danach entspannter und besser würde, wäre ihr Plan gescheitert. Mein Vater hätte noch eine kleine Kostprobe bekommen, mein Onkel hätte »das schöne Leben« aber nie erreicht. Natürlich sind sie die Ausnahme. Natürlich muss man nicht damit rechnen, schon mit fünfzig das Zeitliche zu segnen. Aber trotzdem finde ich es gefährlich, für ein späteres Leben zu leben. Man weiß nie, ob *später* noch kommt.

Ich sage nicht, dass man eine unzuverlässige, faule Arbeitskraft werden soll. Ich selbst bin überzuverlässig und liefere meist schon früher als verlangt ab. Aber ich finde, wir sollten immer wieder überprüfen, wer oder was unsere Zeit bekommt. Mit welcher Hingabe und Anstrengung bemühen wir uns für etwas, das uns Geld gibt, und wie handeln wir in anderen Bereichen? Wie oft wird mit der Entschuldigung »Die Arbeit ruft« ein Treffen mit Freund:innen abgesagt oder verschoben? Und wie selten geht man mit der Erklärung, »Die Freundin ruft«, frühzeitig nach Hause? Wenn ich einen Nachmittag mit meinem Neffen verbringe, ist das finanziell kein gutes Geschäft. Ich mache stundenlang Kuchen aus Sand, bezahle Pommes frites und das Zugticket und kann während der ganzen Zeit nicht einmal kurz meine Mails checken. Ich verdiene nichts an dem Nachmittag.

Aber wären die vier Stunden besser investiert gewesen, hätte ich vor dem Computer gesessen? Ich hätte dafür Geld bekommen, aber wären sie deshalb wertvoller gewesen? Zeit ist Geld, heißt es. Aber ist das wirklich so? Ist sie nicht mehr wert? Wenn ich Geldsorgen hätte, würde ich anders entscheiden. Aber das ist und war glücklicherweise nie der Fall. Ich hatte nie Schulden und konnte meine Versicherungen oder Steuern immer bezahlen. Manche sagen, es sei ein riesiges Privileg, dass ich mir so viel freie Zeit nehmen könne – und sie haben absolut recht. Was sie vergessen, ist, dass in der Schweiz viele dieses Privileg hätten. Der Unterschied ist eine andere Prioritätenliste, eine andere Wertvorstellung. Das hat sich in den Jahren nicht verändert, es wurde mir eher noch bewusster. Was heute aber anders als früher ist, ist die Anzahl der Anfragen, die reinkommen. Ich könnte deutlich mehr arbeiten als früher. Die Jobs sind besser bezahlt, die Projekte spannender. Aber: Ich sage heute mehr denn je ab. Weil ich weiß, dass meine und die Zeit, der Menschen, die ich liebe, beschränkt ist. Solange ich kann, priorisiere ich immer meine Familie und meine Freund:innen, nicht, weil sie krank sind und ich befürchten muss, dass sie bald sterben werden, sondern weil ich für nichts lieber meine Zeit hergebe.

Kein Kompliment zu klein

Ryan und ich betraten eine der ältesten Bars in Manhattan, den Pub *McSorley's*. Der Boden war mit Sägemehl bedeckt, die Wände mit Zeitungsausschnitten tapeziert. Wir setzten uns in den dunklen hinteren Raum und bestellten je ein helles und ein dunkles Bier. Es war Samstag und erst vier Uhr am Nachmittag, aber wir hatten uns eine Stunde zuvor zum Day Drinking in einer Gay Bar im East Village getroffen. Wir hatten uns die vergangenen Wochen immer wieder getroffen, jedoch nie so früh. Nun aber waren wir in Feierlaune. Mein Buch *Nino* hatte es gleich nach Erscheinen auf die Schweizer Bestsellerliste geschafft, und ich erzählte, was in den letzten Tagen alles passiert ist. Ryan strahlte, verlangte nach zwei Wodka-Shots und wollte alles bis ins letzte Detail wissen. Seine große Anteilnahme und vor allem sein Mitfreuen waren Charakterzüge, die ich sehr schätzte und die ich typisch US-amerikanisch finde.

Ich würde allen das Gleiche raten: Wer etwas gebührend feiern will, sollte in die USA. Natürlich habe ich in meinem Leben Menschen gefunden – überall auf der Welt, auch in der Schweiz –, die sich aus ganzem Herzen mit mir freuten, wenn etwas gelang. Aber in der Schweiz gehört es zum guten Ton, seine Erfolge zu vertuschen. Man behält glückliche Ereignisse lieber für sich. Es gilt schon als Prahlerei, wenn man sachlich und unaufgeregt darüber redet. Es wird lieber gesehen, wenn man einen Erfolg runterspielt. Dass man so tut, als würde man sich selbst in Wahrheit gar nicht freuen. Man sagt Dinge wie: »Ach, ist doch nicht der Rede wert«, auch wenn man seinen Freund:innen davor jahrelang mit dem Projekt in den Ohren lag und ständig Angst hatte, dass es nicht klappen würde. Schweizer:innen nennen diese Eigenschaften realistisch und demütig. Ich finde es pessimistisch und vor allem nervig, wenn man immer so tut, als wäre etwas »nicht so krass«. Ich habe schon so viel Lebenszeit damit verbracht, anderen gut zuzureden und für andere zuversichtlich zu sein. Ich wiederholte oft Sätze wie: »Jemand muss die Wohnung bekommen, warum nicht du?« – »Natürlich hast du Chancen, den Job zu kriegen. Wenn du dich nicht bewirbst, jedoch nicht!« – »Es kann auch einfach klappen!« Nicht selten behielt ich recht, und es klappte tatsächlich. Was ich mich oft fragte: Wenn eine Person so überzeugt ist, dass sie zum Beispiel den Job, für den sie sich bewirbt, nicht bekommen wird, warum versucht sie es überhaupt? Warum redet sie stundenlang mit mir darüber, tut dann aber so, als wäre es »nicht so speziell«, wenn sie den Job wider Erwarten doch bekommen hat?

Mich nervt dieses Tiefstapeln der Schweiz. Dieses Geprotze mit Understatement. Denn es ist nicht nur die Person selbst, die sich in solchen Situationen merkwürdig verhält. Wir werden so darauf konditioniert, unsere eigenen Errungenschaften nicht zu feiern, dass es uns schwerfällt, bei anderen mitzufeiern. Wenn in der Schweiz jemand Erfolg hat, verhalten sich alle, als hätte jemand im Raum geräuschlos gefurzt. Alle riechen es, tun aber so, als wäre nichts passiert. Man beißt die Zähne zusammen, und wenn gerade niemand schaut, macht man einen Schritt zurück.

Treffen wir auf jemanden, der die Freude offen zeigt, sind wir skeptisch. Uns wurde gelehrt, fremder Euphorie nicht zu trauen. Das sei nur Heuchelei, heißt es. Oberflächlich und künstlich wird das US-amerikanische Verhalten gerne kritisiert. Ich sehe das anders. Ich finde, dass wir uns hier eine Scheibe davon abschneiden könnten. Ich liebe die USA für ihre offene Art, mit Erfolg und Misserfolg umzugehen. Ich finde, ihr Umgang ist hundertmal gesünder als der Eiertanz, den wir in der Schweiz veranstalten. Genauso wie Kummer und Ärger stecken bleiben, wenn man sie einfach runterschluckt, glaube ich, dass Freude schlecht wird, wenn man sie unterdrückt. Was US-Amerikaner:innen im Gegensatz zu uns ebenfalls längst verstanden haben, ist, dass es nicht die eigenen Chancen verkleinert, wenn andere Erfolg haben. Es ist kein Kuchen, der für alle reichen muss. In New York, wo die Konkurrenz so groß wie wohl nirgendwo ist, wird vielerorts auf Rivalität verzichtet.

Ich brauchte ein paar Jahre, bis ich die Komplimente und die Anteilnahme ohne Vorbehalte annehmen konnte. Ich musste mich an dieses laute Bejubeln gewöhnen. Nun, nach mehreren Jahren in New York, konnte ich mit Ryans Begeisterung gut umgehen. Sie war exakt das, was ich nach dieser hektischen Woche brauchte. Wir tranken unsere Biere aus und setzten uns in den *Tompkins Square Park*. Die Sonne schien grell, und ich bereute, keine Sonnenbrille dabeizuhaben.

Wir saßen keine zehn Minuten auf der Parkbank, als die erste Person meine Haare rühmte. Ich sagte »Danke«, da war sie schon weg. Kurz darauf rief uns jemand zu, was für ein schönes Paar wir waren. Jemand sagte zu Ryan: »I love your shirt!«, und als wir später auf die hohen Hocker meiner Lieblingsbar im East Village, das *Lovers of Today*, kletterten, drehte sich die Frau neben mir um und sagte, sie liebe meine Locken. Natürlich hat sie übertrieben. Und natürlich klingt es etwas absurd, wenn man »I love your curls!« eins zu eins ins Deutsche übersetzt. Ich bin auch nicht jedes Mal tief gerührt, wenn das jemand zu mir sagt. In New York bekomme ich mehrmals täglich Komplimente für meine Haare. Aber auch wenn ich mich daran gewöhnt habe: Es freut mich trotzdem.

US-Amerikaner:innen geizen nicht mit Komplimenten. Sie rufen einander im Vorbeigehen zu, wenn sie die Jacke, die Frisur oder die Schuhe einer anderen Person mögen. Sie kommen im Restaurant an den Nebentisch, sie sprechen einen in der Subway an. Sie machen so entspannt kleine Komplimente, wie wir übers Wetter reden. Völlig unabhängig von Geschlecht oder Alter. Kein Kompliment ist zu klein, um es nicht zu geben. In der Schweiz ist das anders. Dass jemand Fremdes etwas zu meinem Aussehen sagt, passiert so gut wie nie. Schweizer:innen sind stolz auf diese Zurückhaltung. Sie nennen es unehrlich und berechnend, wie oft US-Amerikaner:innen »I love your...« sagen. Ich finde es unnatürlich und unnötig schambehaftet, wie wir es in der Schweiz handhaben. Ich wünschte, wir wären diesbezüglich alle etwas spontaner und offener. Viele sagen, Komplimente in den USA zählen nicht gleich viel wie in der Schweiz. Ich bin anderer Meinung. Ein amerikanisches Kompliment ist keine Rarität, aber genauso wertvoll. Wir empfinden sie in der Schweiz nur als kostbarer, weil wir sie so selten bekommen.

Am nächsten Morgen fuhr ich mit der Subway nach Hause. Ryan begleitete mich zur Station in der Nähe seines Hauses und nahm mir das Versprechen ab, ihm zu schreiben, sobald ich bei mir angekommen war. Ich fuhr zurück nach Prospect Heights und bereute erneut, keine Sonnenbrille dabeizuhaben. Mein Kopf dröhnte, ich hatte einen heftigen Kater, und obwohl wir eine super Zeit zusammen verbracht hatten, war ich irgendwie traurig.

Ich wusste instinktiv, dass langsam zu Ende war, was wir vor zwei Jahren angefangen hatten. Unser Haltbarkeitsdatum war erreicht. Nicht, weil plötzlich schlecht war, was vorher gut gewesen ist. Aber ich denke, dass diese Art von Beziehungen irgendwann vorbei sein müssen, wenn sie sich nicht weiterentwickeln.

Ich stieg beim *Brooklyn Museum* aus und blieb oberhalb der Treppe stehen. Ich bin schon so oft zielstrebig in die falsche Richtung gegangen, um dann nach einigen Metern umkehren zu müssen, dass ich mir vornahm, mich zuerst zu orientieren, bevor ich losging. Ich schaute in alle Richtungen und wich einem jungen Typen aus, der an mir vorbeirauschte.

»Beautiful eyes!«, rief er mir zu, ohne sich noch einmal umzudrehen. Ich musste grinsen. Die konnte er doch nicht so schnell im Vorbeigehen gesehen haben, dachte die Schweizerin in mir.

»Thank you! Love your jacket!«, schrie ich hinterher.

Friends and Lovers

Kaum etwas wird so leidenschaftlich diskutiert wie das menschliche Balzverhalten. Kein Wunder, sind die Erwartungen an Singles, gute Geschichten zu liefern, riesig. Heute mehr denn je, schließlich kann zu jeder Anekdote das Social-Media- oder Dating-App-Profil einer Person gezeigt werden. Es kann multimedial berichtet, und dank der digitalen Mittel, die einem erlauben, schnell viele Menschen kennenzulernen, kann auch viel erzählt werden. Ich war die Hälfte meines Erwachsenenlebens in Beziehungen, die andere Hälfte war ich Single oder irgendetwas dazwischen. In diesen Phasen sagten einige Freund:innen ganz offen: »Ich muss bei dir mitleben! Bei mir passiert ja nichts in der Liebe.« Diese Aussage ist einerseits schmeichelhaft, weil sie impliziert, dass man ein aufregendes Leben hat, sie setzt aber auch unter Druck. Manchmal fühlte ich mich wie ein Live-Entertainment-Programm.

Ist man Single, wollen alle – teils auch fremde Personen – alles wissen, analysieren und kommentieren. Ist man in einer Beziehung, wird man völlig konträr behandelt. Niemand stellt Fragen, außer man wählt ein unkonventionelles Modell. Zu polyamoren und offenen Konstrukten kann ebenfalls stundenlang debattiert werden, aber bei monogamen Paaren ist die Tür zu. Niemand fragt, ob das Paar Sex hat, wie oft es streitet und wie glücklich die beiden sind. Sie können in der Schublade »liiert« verstaut werden, und damit hat sich das Thema erledigt. Singles hingegen werden ungeniert gelöchert: »Wen triffst du, wie oft und warum? Wann und mit wem hattest du das letzte Mal Sex? Wie kam es dazu und wie war es?« Wer nicht mit guten Geschichten aufwarten kann, erntet enttäuschte Gesichter. Da hat man die Möglichkeit, mitzuspielen, und verzichtet darauf? Was für eine Frechheit! Das ganze Publikum wartet gespannt darauf, wie es weitergeht, und man weigert sich, aufs Feld zu gehen? Welch vertane Chance!

Die Schwierigkeit bei diesem Thema: Man kann es ohnehin nie richtig machen. Als Frau schon gar nicht. Hat man keine Dates, gilt man als unbegehrte Versagerin. Ist das Gegenteil der Fall, wird man zum Flittchen degradiert. Will man jemanden kennenlernen und bemüht sich darum, wird einem gesagt, dass man sich »zu sehr anstrengt«. Entscheidet man, den Fokus wegzunehmen, wird einem vorgeworfen, dass man so bestimmt niemanden treffen würde. Ist man glücklich im Alleinsein, wird einem klargemacht, dass das abschreckend wirkt. Ist man unglücklich, gilt man als verzweifelt. Wer Single ist, befindet sich in einer Zwickmühle. Einerseits will das Umfeld gar nicht, dass man sich ernsthaft verliebt. Nicht nur hat man weniger Zeit für seine Freund:innen, man hat auch weniger gute Geschichten auf Lager. Andererseits wird automatisch davon ausgegangen, dass einem etwas im Leben fehlt. Dieses gesellschaftliche Stigma gilt auch heute noch, obwohl mittlerweile mehrere Studien bestätigt haben, dass Single-Frauen zu den glücklichsten Menschen gehören. Manchmal ärgerte ich mich darüber, dass dieser Bereich meines Lebens am meisten interessierte. Ich erlebte doch so viele spannende Sachen! Warum wurde ich so oft »nur« nach meinem Liebesleben gefragt? Ich mache meinen Freund:innen aber keinen Vorwurf. Wir sind darauf konditioniert, dass bei Frauen vor allem dieses Thema interessant erscheint. Tausende Bücher, Filme und Serien mit Frauen in der Hauptrolle handeln von der Suche nach einem Partner. Liebesgeschichten sind nichts Falsches, im Gegenteil. Aber sie bedienen das Klischee, dass dies die wichtigste und einzige Erfüllung für Frauen ist. Bei Männern ist es anders. Ihre Filme handeln von Heldentaten und Abenteuern. In vielen Geschichten finden sie ebenfalls die Liebe, jedoch nur nebenbei, es ist nicht ihr primäres Ziel. Ich würde niemals den Wunsch nach einer Partnerschaft abwerten. Wer das zuoberst auf seiner Prioritätenliste hat, soll sich nicht davon abbringen lassen. Aber es müsste auch akzeptiert werden, wenn die Suche nach einem geeigneten Partner oder einer geeigneten Partnerin nicht die wichtigste Priorität im Leben ist und man sich andere Wünsche erfüllen möchte.

Wem ich einen Vorwurf mache, das sind die Medien. Egal, ob mein Buch die Bestsellerliste hinaufkletterte, ein Podcast einen Award gewann oder ich zu einer neuen Sendung interviewt wurde, praktisch jedes Mal war der Hauptfokus auf meinem Liebesleben. Warum war es so wichtig, mit wem ich zusammen war? Wie oft beantwortete ich schon die immer gleichen Fragen: Bist du liiert? Bekommst du viele Nachrichten von Männern? Stehst du überhaupt auf Männer? Meine beruflichen Erfolge, meine Meinung zu zeitgenössischen Themen, meine Gedanken zu meinen Projekten wurden jedes Mal viel weniger gewichtet. Sagte ich nichts Konkretes zu meinem Liebesleben, was ich die letzten Jahre in der Öffentlichkeit nie tat, stand in meiner Biografie-Box, dass ich nichts dazu sage. Dass meine Nicht-Aussage eine Zeile wert war, fand ich jedes Mal befremdlich. Was mich umso mehr erstaunte: Männer, mit denen ich befreundet war und die ebenfalls immer mal wieder wegen ihrer Erfolge in den Medien waren, mussten nie solche Fragen beantworten.

Nachdem Ryan und ich ein klärendes und auch versöhnliches letztes Gespräch hatten, erstellte ich ein Profil auf »Raya«. Das war eine Dating App, die als das sogenannte Celebrity-Tinder gilt. Immer mal wieder wischt man an einer »richtigen« Berühmtheit vorbei, die meisten aber sind »normale« Menschen. Ich matchte mit einem spanischen Autor, der in Park Slope lebte, und traf ihn zwei

Wochen später in der Bar *Tooker Alley*. Es war meine letzte Woche in New York. Zwei Tage später musste ich für meine Buchvernissage und mehrere Drehs für eine Fernsehsendung in die Schweiz zurück. Wir unterhielten uns über seine Heimatstadt San Sebastián, die ich Jahre zuvor einmal mit meiner besten Freundin besucht hatte, und beobachteten das Paar, das am anderen Ende des Tresens, wie es schien, ebenfalls auf einem Date war. Beide waren sehr attraktiv, fanden wir. Aber nicht wirklich interessiert aneinander, das war jedenfalls unsere Analyse. Ich hätte gerne mit der Frau getauscht. Der Typ gefiel mir. Mein Date, der Mann neben mir, war ebenfalls sympathisch, aber ich war schon immer überfordert mit hibbeligen Männern. Er redete wie ein Wasserfall und erzählte eine Geschichte nach der anderen, ohne dazwischen eine Frage zu stellen.

Es war kurz vor Mitternacht, und weil die Bar bald schloss, war sie fast leer. Nur wir zwei und das andere Paar saßen noch am Tresen. Wir bestellten die Rechnung, das Paar hatte schon bezahlt und ging zur Tür. Auf unserer Höhe stoppte der Typ. Ob ich Yvonne Eisenring sei, fragte er auf Englisch. Ich war völlig perplex. In der Schweiz wurde ich häufig angesprochen, aber in New York kennt mich niemand. Es war mir bisher erst zweimal passiert, dass ich erkannt wurde, und beide Male waren es Leute aus der Schweiz, die im Urlaub waren.
»I love your work«, sagte der Typ, erklärte, dass er mir auf Instagram folge und deshalb wisse, was ich mache. Weil ich keine peinliche Situation kreieren wollte, tat ich so, als würde das alles total Sinn ergeben. Ich hatte keine Ahnung, woher er mich und meine Arbeit kannte.

Am nächsten Tag schickte mir ein Typ namens Noah eine Direct Message. »Wir haben uns vor etwa fünf Jahren mal auf einer Party kennengelernt. Nur ganz kurz, irgendwo in Manhattan. Ich habe dich danach auf Instagram gefunden«, schrieb er. »Ich hoffe, es war dir nicht unangenehm vor deiner Begleitung, dass ich dich angesprochen habe.«

»Überhaupt nicht!«, schrieb ich. »Der Typ denkt jetzt, ich sei ein internationaler Superstar!«

Ob es seltsam wäre, wenn er mich um ein Date fragen würde, fragte er, und ich schrieb erneut: »Überhaupt nicht!«

Ich konnte mich nicht mehr erinnern, dass wir uns kennengelernt haben, aber fünf Jahre ist eine lange Zeit. In fünf Jahren ist viel passiert. Vor fünf Jahren war ich zwar ebenfalls in New York, aber an einem ganz anderen Ort.

Ich antwortete, dass ich leider am nächsten Tag in die Schweiz zurückfliegen musste und noch nicht wusste, wann ich wieder nach New York kam.

Das sei doch egal, antwortete er und fügte hinzu: »Good things are worth waiting for.«

Zürich

Das städtische Dorfleben

Die Flugbegleiterin tippte an meine Schulter, da war ich gerade erst eingenickt. Wir waren schon im Sinkflug. Unter mir die Schweiz. Vor mir Zürich. Weil ich nur eine kleine Tasche als Gepäck dabeihatte, schritt ich eine Viertelstunde nach Landung schon durch die Ankunftshalle. Ich wollte kurz nach Hause, duschen gehen, bevor ich ins Studio fuhr, wo ich zusammen mit meinen zwei Co-Hosts eine neue Folge unseres Podcasts aufnahm. Meine Freund:innen und meine Familie wussten, dass ich heute nach Hause kam. Einige notierten sich meine Ankunft sogar in ihren Kalendern. Ich will dich doch nicht verpassen, sagten sie dazu, was mich rührte und auch ein bisschen amüsierte. Ihre Sorge war völlig unbegründet. Ich meldete mich immer bei ihnen, wenn ich im Land war.

Ich wollte schon in Richtung Bahnsteig rennen, als ich meine Mutter in der Menschenmasse erblickte. Ich wusste nicht, dass sie zum Flughafen kommen würde. Sie hatte mir nichts gesagt. Aber eigentlich hätte ich es auch so wissen müssen. Abholen ist Tradition in unserer Familie. Bis auf wenige Ausnahmen wartet immer jemand in der Ankunftshalle. Meine Mutter umarmte mich und mir schossen Tränen in die Augen. Eigentlich gab es keinen Grund zu weinen. Aber ich war schon immer nah am Wasser gebaut, manchmal können mich sogar kitschige Instagram-Reels zu Tränen rühren. Warum ich beim Heimkommen manchmal so emotional wurde, weiß ich nicht. Ich war schon so oft in die Schweiz zurückgekehrt, es war nichts Außergewöhnliches mehr. Aber vielleicht bleibt es immer besonders. Dass einer der erfolgreichsten Liebesfilme aller Zeiten, *Tatsächlich Liebe*, mit Szenen aus einer Ankunftshalle beginnt, verstehe ich beispielsweise völlig. An kaum einem anderen Ort wird in so kondensierter Form das Zusammensein zelebriert.

Ich entschied, den Zwischenhalt zu Hause auszulassen und ungeduscht und noch in meinen Reiseklamotten ins Studio zu fahren, damit ich noch etwas Zeit mit meiner Mutter verbringen konnte. Wir setzten uns ins *Sprüngli Café*, und ich erzählte von meiner Zeit in New York, obwohl sie schon das meiste durch Sprachnachrichten wusste. Ich hatte ihr sogar ein Instagramprofil angelegt, damit sie mir nicht mehr vorwerfen konnte, einige ihrer Bekannten, die mir folgten, wüssten mehr über ihre Tochter als sie selbst. Bevor wir uns verabschiedeten, gab sie mir einen Stapel mit Zeitungsartikeln, die sie für mich fein säuberlich ausgeschnitten hatte. Artikel, die in den letzten Wochen über mich erschienen sind. Artikel über

Leute, die ich kannte, oder Leute, die sie kannte. Und vor allem auch Artikel, die sie interessant fand und die mich deshalb ebenfalls interessieren sollten.

Mit der Tram fuhr ich nach Oerlikon ins SRF Radio- und Fernsehstudio, wo schon die Produzentin auf mich wartete, und wir nahmen eine Folge für »Zivadiliring« auf. Ich liebte diese Aufzeichnungen – ganz unabhängig davon, ob wir ein ernstes oder amüsantes Thema besprachen. Als wir fertig waren, wurde ich von meinen Co-Hosts über alle wichtigen und unwichtigen Neuigkeiten informiert. Weil ich die Hauptmoderation hatte, war ich strikt dagegen, dass über Gossip gesprochen wurde, wenn das Mikrofon an war. Aber was davor und danach passierte, konnte ich natürlich nicht allein entscheiden. Und obwohl ich der Meinung bin, dass Klatsch und Tratsch, wenn er im großen Stil verbreitet wird, nichts Gutes bringt, würde ich lügen, wenn ich behaupten würde, dass mich nicht interessierte, was während meiner Abwesenheit geschah. Meine beiden Freundinnen waren immer bestens informiert. Innerhalb weniger Minuten wurde ich auf den neuesten Stand gebracht: Wer hat sich von wem getrennt, wer hat einen neuen Job, wer ist in wen verliebt.

Am späteren Nachmittag kam ich endlich nach Hause. Ich stieg die Treppe hoch, klopfte kurz an die Wohnungstür einen Stock unter mir und begrüßte Lars. Lars war einer meiner besten Freunde, ich kannte ihn, seit ich fünfzehn war. Seit zwei Jahren wohnten wir im gleichen Haus. Ich wohnte seit meiner Zeit in Paris, die nun über fünf Jahre her war, hier. Seit ein paar Monaten mit einem neuen Mitbewohner. Es war eine geräumige Altbauwohnung mit Stuck an den Wänden und Malereien auf den

Fensterscheiben. Die Fenstersimse waren so breit, dass man sich daraufsetzen konnte, und im Wohnzimmer stand ein türkisgrünes Klavier, das ich für ein vergangenes Projekt bekam und auf dem ich seither fast täglich spielte. Ich liebte, wie es roch, wenn ich die Wohnung betrat, und dass bei jedem Schritt das alte Holz unter meinen Füßen knarzte. Das Haus stand mitten in der Stadt. Egal, wo ich hinmusste, mit dem Fahrrad war ich in zehn Minuten dort. Wenn ich mich mit Freund:innen verabredete, fuhren sie oft bei mir zu Hause vorbei, und wir gingen zusammen an den Ort, zu dem wir wollten. Einander abzuholen war in Zürich nichts Ungewöhnliches. In anderen Städten erlebte ich das so gut wie nie. Die Distanzen waren viel zu groß, als dass man einen Umweg fahren wollte. Man einigte sich auf ein Endziel und traf sich dort. Man wartete nicht vor der Tür des anderen und überlegte dann gemeinsam, wo man hinwollte. Aber die Städte, die ich zwischenzeitlich zu meinem Zuhause machte, waren auch alle viel größer als Zürich.

Ich erzählte meinem Mitbewohner im Schnelldurchlauf alle wichtigen und unwichtigen Ereignisse der letzten Wochen, erfuhr das Neueste aus seinem Leben und trank dazu einen Cappuccino. Seit er eingezogen war, stand in unserer Küche die Rolex unter den Kaffeemaschinen. Ein elegantes, teures Gerät, das mich aber eher zur Verzweiflung brachte, weil es so kompliziert oder ich zu faul war, mir all die Schritte zu merken, die es für die Zubereitung eines Kaffees bräuchte. Wenige Wochen nach seinem Einzug kaufte ich mir eine weniger schöne, dafür einfache Maschine. Mein Kaffee war natürlich nie so gut wie der meines Mitbewohners, aber dafür war ich imstande, ihn selbst zuzubereiten. Kaum hatte ich ausgetrunken, musste ich los. Ich war zum Abendessen mit meinen zwei besten Freunden verabredet. Wir trafen uns im *Volkshaus*, und als ich kurz vor Mitternacht nach Hause spazierte, war ich erschöpft und aufgekratzt zugleich. Mein Zustand war das Resultat der paar Minuten Schlaf im Flieger und der letzten Stunden mit meinen beiden Freunden, die mich in Diskussionen so herausfordern und gleichzeitig so sehr zum Lachen bringen konnten wie kaum jemand sonst auf dieser Welt.

Am nächsten Tag traf ich eine gute Freundin zum Mittagessen im Restaurant *Bank*, beantwortete danach von dort aus E-Mails und traf mich am Abend mit Freund:innen auf der Josefswiese zum Pétanque-Spielen. Pétanque hieß früher Boccia und war, kaum hatte es einen neuen, cooleren Namen, die liebste Freizeitbeschäftigung der Zürcher:innen. In allen Parkanlagen sah man junge Leute Kugeln in den Kies werfen. Vor ein paar Jahren war in Zürich das Tischtennisfieber ausgebrochen. Manchmal musste man mehrere Runden durchs Viertel drehen, bis man einen freien Tisch fand. Warum man nun nicht mehr mit Tischtennisschlägern loszog, sondern eines dieser schweren Kugelsets auf den Gepäckträger schnallte, weiß ich nicht, aber plötzlich spielten alle Pétanque. Ich hatte bei meinem ersten Spiel Anfängerinnenglück und feierte dies ausgiebig mit dem Freund, mit dem ich im Team war, als wir gewannen. Eine Sache, über die sich auch noch Jahre danach viele amüsierten. Das Video, wie wir lautstark zu »We Are the Champions« singen, hat bestimmt jede:r in meinem Bekanntenkreis schon gesehen. Eine talentierte Pétanque-Spielerin war ich jedoch bei Weitem nicht, und so setzte ich mich nach zwei Spielen auf eine Decke und trank Rosé aus Plastikbechern mit den Freund:innen, die ebenfalls rausgefallen waren oder aufgegeben hatten. Auf der ganzen Wiese sah man fast keinen Flecken Gras mehr. Ganz Zürich war auf den Beinen. Es war warm, aber noch nicht heiß. Das perfekte Wetter.

Als es zum Spielen zu dunkel und zum Rumsitzen zu kühl wurde, fuhren wir alle nach Hause. Ich war nicht müde, diesen Zeitpunkt hatte ich längst überschritten. Trotz mittlerweile viel Erfahrung litt ich jedes Mal, wenn ich den Atlantik überquerte, unter Jetlag. Ich hatte auch noch keinen Trick dagegen gefunden. Meine »Lösung« war, sich nicht dagegen zu wehren, sondern mitzumachen. Ich blieb folglich so lange wach, bis ich müde war, und schaute, dass ich morgens keine Termine hatte, damit ich schlafen konnte, bis ich von alleine aufwachte. Manchmal brauchte ich mit meiner Technik über eine Woche, bis sich mein Rhythmus normalisiert hatte. Aber wirklich schlimm fand ich das nie. Manchmal fand ich es sogar irgendwie schön, Offbeat zum Rest der Bevölkerung zu leben. Wach zu sein, wenn alle schlafen, hat etwas Magisches.

Nun war es aber noch nicht mal elf Uhr, also klopfte ich bei Lars und fragte, ob er noch auf einen Drink rauskomme. Er war müde. Eigentlich, sagte er und zog seine Jacke an. Wir gingen in die *Elisaburg*, wo die Cocktails in pompöser Aufmachung serviert wurden. Ob ich mit ihm das Dreier-Spiel spielen würde, fragte Lars, und ich schaute ihn verwirrt an. Er tat so, als müsste ich dieses Spiel kennen. Es stellte sich heraus, dass es seine eigene Kreation war. Eigentlich wenig überraschend. Ich kannte Lars seit zwanzig Jahren, und er erfand immer mal wieder ein eigenes Spiel, das in diesem Fall kein richtiges

Spiel war. Er stelle eine Frage und ich müsse drei Antworten geben, erklärte er die Regeln. In der folgenden Stunde nannte ich drei Sachen auf Fragen wie: »Wenn du eine Partei gründen würdest, wofür würde deine Partei stehen?« – »Welche Gerüche kannst du nicht ausstehen?« – »Wenn du drei Meter groß wärst, inwiefern wäre dein Leben anders?« Bei dieser Frage musste ich laut lachen. Wie kam er bloß auf solche Ideen? Eine Antwort blieb ich ihm schuldig. Zwei Freunde von Lars kamen zufällig in die Bar und setzten sich zu uns an den Tisch. Wir tranken zwei Cocktails mit ihnen und gingen dann gemeinsam ins *Kir Royal* an der Langstrasse, wo wir noch auf weitere bekannte Gesichter trafen. Es war ein Donnerstagabend. Für alle, die in der Innenstadt lebten, war das der favorisierte Abend, um auszugehen.

Meine Stadt ist ein Dorf. Egal, wo man sich aufhält, man trifft immer auf Leute, die man kennt. Nicht zuletzt deshalb sind die ersten Wochen in Zürich das pure Gegenteil von ersten Wochen in anderen Städten. Ich muss mich nicht anstrengen, Anschluss zu finden. Ich hatte »meine Leute« längst gefunden, und dank der Größe der Stadt musste ich mich auch nicht mit allen einzeln verabreden.

Der verlorene Heimvorteil

Ich habe das Glück, an einem der reichsten und sichersten Orte der Welt geboren worden zu sein. Was meinen Pass und die damit verbundenen Möglichkeiten betrifft, habe ich den Jackpot geknackt. Eine stolze Schweizerin war ich deshalb aber nie. Nicht, weil ich ein Problem mit meiner Heimat habe, sondern weil ich finde, dass ich nichts dafür getan habe, Schweizerin zu sein, und daher Stolz ein seltsames Gefühl in dem Zusammenhang wäre. Was ich aber in den letzten Jahren immer öfter, manchmal schmunzelnd, manchmal kopfschüttelnd, gemerkt und gespürt habe, ist, wie schweizerisch ich bin. Unklare Pläne und lose Versprechungen, wie es in manchen Ländern an der Tagesordnung ist, sind mir ein Graus. Verbindlichkeit und Zuverlässigkeit sind Tugenden, die tief in mir verankert sind und die ich auch bei anderen schätze. Früher wollte ich das ändern. Andere Länder, andere Sitten, sagte ich mir. Es ärgerte mich immer, dass es mich so ärgerte, wenn jemand unzuverlässig war. Ich wollte lockerer sein, es cool und easy finden, wenn Pläne kurzerhand geändert oder gar nie eingehalten wurden. Irgendwann habe ich akzeptiert, dass ich bin, wie ich bin. Dass ich in gewissen Bereichen »typisch schweizerisch« bin. Natürlich muss ich mich anpassen. Aber ich kann auch nicht von mir erwarten, dass ich plötzlich ein komplett anderer Mensch bin. Auch wenn ich die Schweiz verlasse, reist immer ein bisschen Schweiz mit mir mit. Weil ich so erzogen und sozialisiert wurde. Die Bücher, die mir als Kind vorgelesen wurden, die Sagen, die mir erzählt wurden, was ich in der Schule gelernt und auf dem Pausenhof erlebt habe, all das hat mich zu einem Menschen geformt, der nur so in der Schweiz hat geformt werden können.

Dass ich so oft im Ausland bin, heißt nicht, wie das manchmal vermutet wird, dass ich die Schweiz nicht mag oder nicht dankbar dafür bin, dort geboren zu sein. Ich gehe, weil ich etwas anderes erleben will. Nicht, weil ich nicht wertschätze, was ich habe. Früher war das zugegebenermaßen nicht immer so. Ich konnte lauthals über mein Land herziehen. Als zu steif, zu brav, zu kontrolliert, zu engstirnig und kleinkariert empfand ich die Schweiz. Ich kann mich auch heute noch über viele Dinge aufregen, die meiner Meinung nach zu langsam oder gar nicht funktionieren. Aber ich bin nach all den Reisen, dem Leben in anderen Ländern mit anderen Systemen und Problemen, versöhnlicher geworden. Das Wegsein ändert die Art, wie man hinschaut. Man nimmt andere Dinge wahr, sieht die Vorteile klarer, kann aber auch die Nachteile besser benennen.

Aber nicht nur mein Blick auf die Schweiz hat sich in all den Jahren verändert, auch der Blick der Schweizer:innen auf mich wurde anders. War ich im Ausland, war ich »die Fremde«. Die Andere. Das war keine großartige Erkenntnis, damit habe ich gerechnet, als ich angefangen habe, regelmäßig an anderen Orten zu leben. Völlig unabhängig davon, wie lange ich in einer Stadt und wie gut vernetzt ich war, und auch unabhängig davon, wie gut ich mich auskannte, ich blieb immer die Fremde. Was ich hingegen unterschätzt hatte: In Zürich, wo ich aufgewachsen bin und wo ich seit eh und je lebte, wurde ich ebenfalls mehr und mehr zur Fremden. Wann immer ich jemanden traf, der nicht zu meinem engsten Kreis gehörte, wurde ich mit diesen Worten begrüßt: »Bist du auch wieder mal hier?« Oder: »Was, du bist in der Schweiz?« Was bei einigen dieser Gespräche mitschwang, war eine Portion Missverständnis. Einige Leute bemerkten gern, wie aufwendig packen und auspacken doch sei. Ich empfand das nie so. Ich besitze ohnehin nur wenig Klamotten, brauche also nicht lange, bis ich meine Sachen für einen Aufenthalt zusammengesucht habe. Und wenn ich zurückkomme, habe ich meinen Koffer innerhalb von zwei Stunden komplett ausgepackt. Auch wenn ich mehrere Monate weg war, erinnert nach einem Tag nichts mehr daran. Andere verstanden nicht, warum ich so viel Zeit *außerhalb* der Schweiz verbringen wollte. »Die Schweiz«, sagten sie und setzten hier immer kurz ab, um tief Luft zu holen, »hat doch weltweit die höchste Lebensqualität!« Ob es die höchste ist und wie man Lebensqualität misst, das ist ein anderes Thema, aber es hat unbestritten sehr viele Vorteile, in der Schweiz zu leben. Man kann nachts unbekümmert nach Hause spazieren, vieles funktioniert schnell und zuverlässig, versichert sind auch alle, und die Schulen gehören zu den besten der Welt. Aber: Ich habe nie behauptet, dass es anderswo besser wäre. Ich sagte einzig, dass es anderswo anders ist und dass ich genau dies erleben wollte. Ich wollte mich »anders« und anderswo erleben.

Weniger gut als mit Unverständnis konnte ich mit Neid umgehen. Es gibt ja das Sprichwort, »Neid ist das größte Kompliment«, aber ich könnte gut auf diese Art von Kompliment verzichten. »You're living the dream«, hörte ich oft und wusste nie genau, wie ich darauf reagieren sollte. Diese Leute sagten ganz offen, dass sie ebenfalls gern leben würden, wie ich lebe, aber dass dies nicht gehe. Aus Gründen, die sie unterschiedlich differenziert erläuterten. Ob es »*the* dream« war, also ob es für alle gültig war, das bezweifelte ich. Es war »*my* dream«, den ich dank meiner Prioritätensetzung, verschiedenen Privilegien, einigen Entscheidungen und glücklichen Zufällen leben konnte. Dass es angenehm ist, wenn man aus der Reihe tanzt, würde ich jedoch vehement verneinen.

Im Gegenteil. Es kostet mich immer wieder viel Energie, nicht von meinem Weg abzukommen. Weil er ständig hinterfragt wird. Weil ich wenig Vorbilder habe, an denen ich mich orientieren kann. Weil wir Menschen dazugehören wollen. Sosehr wir nach Individualität streben, so sehr verunsichert es uns, wenn wir merken, dass wir anders sind.

Dieses Gefühl, nicht im Takt der Gesellschaft zu sein, nicht mehr dazuzupassen, habe ich nirgends so sehr wie in der Schweiz. In anderen Ländern traf ich oft auf Expats, die nicht wie ich die Hälfte der Zeit im Ausland verbrachten, sondern immer unterwegs und von zu Hause fort waren. Sie taten, was ich mir für mich nicht vorstellen konnte, aber sie taten etwas, das meinem Tun sehr ähnlich war. In dieser Welt war ich nicht die große Ausnahme. Im Gegenteil, ich war eine Light-Version. In der Schweiz aber war ich »die Andere«.

So richtig bewusst wurde mir das bei einer Zusammenkunft meiner Gymnasialklasse. Die Matura, das Schweizer Pendant zum Abitur, war schon viele Jahre her. Wir waren nun alle 34 oder 35 Jahre alt und trafen uns in der Zürcher *Commihalle*. Das war ein Restaurant, das ich nie besucht habe, vermutlich weil es nicht in meiner Nachbarschaft und etwas altbacken war. Aber für die Zusammenkunft lag es perfekt. Es war in der Nähe des Bahnhofs und deshalb bequem zu erreichen für die, die nicht in der Stadt lebten, was abgesehen von mir und noch jemandem alle taten. Viele sind in die Dörfer zurückgezogen, in denen sie aufgewachsen sind. Sie wohnten während des Studiums in der Stadt, aber diese Phase ihres Lebens war schon viele Jahre her. Die meisten hatten

Kinder. Einige waren schon im Schulalter, andere gerade erst auf die Welt gekommen. Wir saßen an einem großen runden Tisch, und jede und jeder erzählte, was er oder sie gerade tat. Wir gingen der Reihe nach durch, und als das fünfte Mal jemand sagte, dass er oder sie geheiratet hat und Vater oder Mutter wurde, und ich mit »Ach, wie krass!« reagierte, sagte einer meiner ehemaligen Klassenkameraden, dass das überhaupt nicht so krass sei: »Wir tun alle mehr oder weniger das Gleiche. Du bist diejenige, die anders ist.« Er meinte es nicht böse oder wertend, es war einfach eine Feststellung, und eine richtige dazu.

Obwohl sich mein Leben richtig anfühlte, kam ich ins Grübeln. Warum war das so? Wie kann es sein, dass fast alle den gleichen Plan verfolgten, ich aber auf einem ganz anderen Pfad ging? Waren wir so verschieden? Sechs Jahre meines Lebens hatte ich mit diesen Menschen verbracht. Prägende Jahre. Die Teenagerzeit. Wir haben die gleiche Schulbildung und kommen alle mehr oder weniger aus den gleichen Verhältnissen. Wir hatten einen ähnlichen Start ins Leben und ins Erwachsenendasein und waren jetzt an ganz anderen Orten. Das störte mich nicht. Was ich mich jedoch fragte, war: *Warum* war es so? Warum waren wir so verschieden? Warum waren unsere Lebensentwürfe so anders?

Der Wunsch nach einem eigenen Haus war mir schon immer fremd. Eine Hochzeit fand ich nur wegen der Feierlichkeiten spannend, die Institution Ehe hingegen wenig verlockend. Kinder sah ich eher vor meinem inneren Auge, aber nicht »schon jetzt«. Ich wusste über die biologische Uhr Bescheid, beeinflusst hatte das meinen

Kinderwunsch aber nicht. Dass Familienplanung nicht das Zentrum meines Lebens war, fanden viele merkwürdig. Vor allem als junge Frau gerät man in Erklärungsnot bei diesem Thema. Natürlich war die Welt moderner als noch bei meinen Großeltern und Eltern. Ein paar Jahrzehnte früher wäre ich für meinen Lebenswandel geächtet und verstoßen worden. Es war schlicht nicht möglich gewesen für eine junge Frau, so zu leben. Aber auch in der heutigen Zeit erwartet die Gesellschaft von einer Frau Anfang/Mitte dreißig, dass die Familiengründung an oberster Stelle auf ihrer Prioritätenliste steht. Ich erinnerte mich an einen Freund in Berlin, mit dem ich einmal in einem Lokal in Neukölln saß und über das Leben philosophierte. Das war nun schon fünf Jahre her, und schon damals prophezeite er mir, dass ich dieses »Rumreisen« vielleicht noch ein Jahr machen werde, dann würde ich zur Ruhe kommen. »Diese Abenteuerlust ist bald gestillt, irgendwann willst auch du dich settlen.« Er benutzte oft das Wort »to settle«, obwohl er deutsch und nicht englisch sprach. Er lag falsch. Mein Wunsch »to settle« wuchs über die Jahre nicht. Dass dieser nicht konträr zum Wunsch, irgendwann einmal Kinder zu haben, steht, war für viele unverständlich. Es gab immer wieder Leute, die dachten, dass ich nur so lebte, weil ich keine Familie haben wollte. Ich wusste, dass dies nicht stimmte. Es hätte auch genügend Möglichkeiten gegeben, mit einem Mann das Leben zu leben, das man von mir als junge Frau erwartete. Aber hätte ich das wirklich vehementer sagen sollen? Ich liebte mein Leben, wie es war. Es war gut so. Falsch, es war *sehr* gut. Und deshalb, kam ich zum Schluss, war es auch okay, wenn dies bedingt, »die Andere« zu sein.

Der übervolle Terminkalender

So anders ich im Vergleich zu meinen ehemaligen Klassenkamerad:innen war, so »richtig« fühlte ich mich sonst unter meinen Leuten in Zürich. Ich hatte über all die Jahre Menschen gefunden, für die allein ich immer wieder in die Stadt zurückkehren würde. Sie waren alle sehr verschieden und doch irgendwie ähnlich.

Die meisten dieser Menschen waren schon seit vielen Jahren in meinem Leben. Meine beste Freundin beispielsweise kenne ich, seit ich zwölf war. Aber sie gehört nicht zu den mir wichtigsten Menschen, weil es damals diesen einen großen Moment gab, der uns für immer verbunden hat. Sie ist in meinem Leben, weil wir viele kleine Momente teilten. Sie ging einen ganz anderen Weg als ich. Nach einem Soziologiestudium arbeitete sie in Agenturen, entschied sich dann aber Anfang dreißig, Schmuckdesignerin zu werden. Als sie ihre erste Kollektion bei einer großen Modenschau zeigen konnte und am Schluss über den Laufsteg lief, hatte ich Tränen in den Augen. Ich war so unfassbar stolz auf sie, wie sie zielstrebig und ruhig eine neue Existenz aufgebaut hatte.

Ich finde, über Jahre am Leben eines Menschen teilzuhaben, ist eine der schönsten Erfahrungen, die man machen kann. Zu wissen, dass andere beim eigenen Leben mitfiebern und mitdenken, ebenfalls. Das Gefühl, das ich habe, wenn ich daran denke, dass es Menschen gibt, die meine Heimkehr im Kalender markieren, übertrifft jeden Rausch, den ich habe, wenn ich eine Auszeichnung gewinne. Meine Freund:innen und meine Familie haben mit Abstand die höchste Priorität, wenn ich in der Schweiz bin. Mit ihnen verbringe ich die lustigsten Abende, führe die tiefsten Gespräche und komme auf die besten – oder auch blödesten – Ideen. Wegen ihnen ist Zürich auch nach all den Jahren noch das Zentrum meiner Welt.

Wie zentral die Stadt rein geografisch lag, wurde mir mit jedem längeren Aufenthalt bewusster. Argentinien war riesig, die USA ebenso. Wollte man in eine andere große Stadt, musste man meist fliegen, und wenn man landete, war man immer noch im gleichen Land. Die Schweiz, so würde ich behaupten, liegt perfekt, will man Europa erkunden. Jede tolle Stadt ist problemlos mit dem Zug erreichbar. In vier Stunden ist man in Paris, noch schneller in München oder Mailand. Über Nacht kommt man gut nach Wien, Berlin oder Hamburg, sogar in Amsterdam oder Brüssel ist man schnell.

Mein Alltag in Zürich bestand die letzten Jahre meist aus Jobs wie dem Moderieren von Sendungen und Podcasts, aber auch aus viel Reisen. Meine Freund:innen wollten ständig irgendwohin, und so kam es öfter vor, dass ich nach einer Nacht, die ich mit schlecht gesungenem Karaoke verbrachte, frühmorgens in den Zug nach Paris stieg. Oder dass ich direkt von einem Dreh zu einer Hochzeit in der Toskana fahren musste. Ich war viel weg, wenn ich in Zürich war. Wirklich stressig fand ich das nicht. Mein Heimatland ist klein, das Bahnnetz optimal und die Landesgrenze innerhalb von ein bis drei Stunden erreicht.

Es ist demnach keine Überraschung, dass Schweizer:innen den Ruf haben, ständig irgendwohin zu reisen. Meine Landsleute sind aber auch konstant unterwegs, wenn sie zu Hause sind. »Spontan« und »kurzfristig« gehören in der Schweiz nicht zum gängigen Vokabular. Alle haben ständig irgendwelche Termine, und wenn man sich mit jemandem verabreden will, bekommt man ein Datum in drei Wochen vorgeschlagen. In allen anderen Ländern, die ich zwischenzeitlich zu meinem Zuhause gemacht habe, war eine langfristige Planung eher ungewöhnlich. Wenn ich in Paris von einer Ausstellung vom übernächsten Wochenende erzählte oder in New York Theatertickets für zwei Wochen später kaufte, nannten mich alle »typisch schweizerisch«. Dass ich im Ausland so bezeichnet werde, stört mich nicht. Ich plane gerne, liebe die Vorfreude und weiß aus diesen Gründen manchmal fast besser als meine einheimischen Freund:innen, was wann wo los ist.

Dass ich eine noch krassere Version von dieser »typisch schweizerischen« Person wurde, kaum war ich zu Hause, störte mich aber zunehmend. In den anderen Städten schrieb ich vielleicht in meinen Kalender, wenn ich für diesen Abend Eintrittskarten für ein Konzert hatte. Aber meistens notierte ich nichts, weil ich mir die wenigen Sachen, die ich fix geplant hatte, ohnehin merken konnte. Alles andere ergab sich kurzfristig. Abgesehen von den ersten Wochen an einem neuen Ort war ich im Ausland nicht öfter zu Hause oder verabredete mich seltener. Ich war genauso oft unterwegs wie in der Schweiz, aber selten so, dass ich lange im Vorhinein wusste, was ich tun würde. Kam meine Heimkehr näher, füllte sich mein Terminkalender ganz automatisch: Lunch mit der Produzentin im Restaurant *Bebek*. Dinner mit meinen besten Freunden in der *Restodisco Charlatan*. Drinks mit ehemaligen Arbeitskolleginnen in der *Sportbar*. Kaffee mit meinen Podcast-Co-Hosts auf dem Helvetiaplatz im *Campo*.

Spaziergänge auf den Zürcher Hausberg, den Üetliberg, Joggingrunden an der Sihl entlang. Zwischendurch Cycling im *Openride* und Pilates im *Booster Transform Studio*. In Zürich sind solche Work-outs lange im Voraus ausgebucht. Es ist schlicht unmöglich, spontan zu entscheiden, ob man Lust hat, Sport zu treiben, oder nicht.

Weshalb die Schweiz so planwütig ist, könnte man nun soziologisch, geografisch oder historisch zu erklären versuchen, aber die Herkunft des Problems ist mir nicht so wichtig. Was mich nervt, ist, dass es so ist. Je öfter ich mich dem Stress für ein paar Monate entziehen kann, umso schwerer fällt es mir, wieder Tritt zu fassen. Was mich noch mehr an dem übervollen Terminkalender stört, ist die Prahlerei mit mangelnder freier Zeit. In der Schweiz kommt es häufig vor, dass jemand mit einer großen Portion Selbstgefälligkeit sagt, wie hektisch der Alltag und wie verplant er oder sie gerade ist. Vor allem beruflicher Stress wird gerne hervorgehoben.

Wie seltsam es folglich wirkt, wenn man weniger arbeiten wollte, spürte ich schon Mitte zwanzig, als ich entschied, mein Pensum beim Fernsehen auf sechzig Prozent zu reduzieren. Wie konnte ich Geld gegen freie Zeit eintauschen, und vor allem: »Was tust du an den freien Tagen?«, wurde ich oft gefragt. Die Tage nicht mit bezahlter Arbeit zu füllen, obwohl man doch könnte, das war für einige ein total verrücktes Konzept. Mitte zwanzig schrieb ich Essays und Kolumnen zum Thema und erklärte und verteidigte mein kleines Arbeitspensum vehement. Ich wollte auf keinen Fall, dass man dachte, ich sei faul. Als ich nun im Zuge der Veröffentlichung meines Romans *Nino* ein großes Interview gab, war der Titel ein Satz, den ich während des einstündigen Gesprächs sagte. Ich zuckte leicht zusammen, als ich ihn las. In fetten Buchstaben stand unter einem großen Bild von mir: »Ich arbeite nie vor 12:00 Uhr.«

Ich erwartete einen kleinen Shitstorm. Ein paar wütende Kommentare und Beleidigungen. Nichts dergleichen passierte. Denn was der Moderator im Gespräch mehrfach zum Thema machte, war, wie enorm viel beruflichen Output ich hatte. Meine Leistung entschuldigte anscheinend meine für eine Schweizerin atypische Arbeitsweise. Der Moderator zählte gleich zu Beginn des Interviews auf, was ich alles tat: Podcasts und TV-Shows moderieren, Bücher, Theaterstücke und Drehbücher schreiben, Klavier spielen, Dokumentarfilme produzieren und so weiter und so fort. Die Liste war zugegeben sehr lang. Ich erklärte, dass ein Grund für diese große Produktivität meine unproduktiven Phasen seien. Würde ich am Morgen ebenfalls arbeiten, könnte ich am Nachmittag nicht so effizient und kreativ sein. Ich musste meine Batterien füllen, wenn sie volle Leistung geben sollten. Ich wusste von mir, dass ich maximal vier Stunden am Stück an einem Buch, Theater oder Film schreiben kann. Danach sind meine Speicher leer.

Was ich im Interview leider nicht sagte, war Folgendes: Auch wenn mein Output zehnmal kleiner wäre, auch wenn ich nur einen Bruchteil der Bücher geschrieben hätte und nur einen statt drei Podcasts moderieren würde, wäre es dennoch gerechtfertigt, nur den halben Tag zu arbeiten. Solange kein Wesen dieser Erde von meinem Nichtstun gestört wird, ist es doch völlig egal, wie viel ich erschaffe. Es ist doch völlig okay, weniger zu tun.

Es ist vielleicht sogar gut, weniger zu tun, und vor allem, weniger zu tun zu haben.

Natürlich kann man sich nicht fürs Nichtstun entscheiden, wenn man über die Runden kommen muss. Das ist mir absolut klar. Ich rede von Menschen, die ähnliche Voraussetzungen haben wie ich. Für diese, und das sind in der Schweiz gar nicht mal so wenige, wäre es möglich, sich anders zu entscheiden.

Schmerz im Herz

Am Tag vor meinem 36. Geburtstag holte ich wie so oft am Mittwochnachmittag meinen Neffen in der Spielgruppe ab. Wir spazierten an der Limmat entlang, und er schlief im Kinderwagen sofort ein. Ich setzte mich ins *Sphères*, ein Lokal, das Bistro und Buchhandlung zugleich ist, wartete, bis er aufwachte und mit halb offenen Augen nach einem Eis verlangte – immer, ganz egal in welcher Jahreszeit. Danach gingen wir auf den Spielplatz, ich bestaunte seine Kletterkünste, und wir machten uns auf den Heimweg, was gut und gern statt der zehn Minuten, die man eigentlich braucht, eine Stunde dauern kann, weil wir bei jedem Käfer anhalten und über dessen Beschaffenheit diskutieren müssen.

Wir kamen an einem Kiosk vorbei, und ich zeigte auf eine Zeitung, auf deren Titelseite ein Foto von mir war. Es beeindruckte meinen Neffen wirklich kein bisschen, was die Kioskfrau sehr amüsierte. Ich gab ihn bei meiner Schwester ab und fuhr zufrieden nach Hause. Ich liebte die Unaufgeregtheit dieser Nachmittage, besonders in Zeiten wie diesen, in denen mein Adrenalinspiegel konstant sehr hoch war. Mein Roman *Nino* wurde wenige Wochen nach Erscheinen schon in der vierten Auflage gedruckt. Ich konnte gar nicht richtig fassen, was da gerade passierte, es passierte so viel und so schnell. Vor drei Tagen war die Buchvernissage. Das *Kaufleuten* war lange im Voraus ausverkauft, der Klubsaal war auf beiden Ebenen bis auf den letzten Platz besetzt. Ein solches Event auf so großer Bühne hatte ich erst einmal zuvor erlebt, als wir mit unserem Podcast eine Liveshow hatten. Damals fiel ich am nächsten Tag in ein emotionales Loch. Mein ganzer Serotoninspeicher war leer, alles Dopamin verpulvert. Ich war so überfordert mit der Situation, dass ich mich nach dem Auftritt zwei Tage lang erholen musste. Weil ich befürchtete, dass mir das wieder passieren würde, hatte ich nichts für meinen Geburtstag geplant. Gerade fühlte ich mich gut, überlegte ich, während ich mit dem Fahrrad in die Langstrasse einbog. Ich fuhr an meiner Lieblingsbar, der *Olé Olé*, vorbei und entschied: Ich hatte Lust zu feiern. Ich hatte keine Lust auf Ruhe.

Zu Hause schickte ich all meinen Freund:innen eine Nachricht, dass sie am nächsten Tag spontan zu Pizza und Wodka vorbeikommen sollten. Viele Zusagen erhoffte ich mir nicht. Nicht in der Schweiz, wo alle immer verplant sind. Ich täuschte mich komplett. Am nächsten Abend war unsere Wohnung rappelvoll. In der Küche wurden viel zu starke Drinks gemixt, im Wohnzimmer wurde zu 90er-Hits getanzt, irgendwo lief ein winziger Hund rum und die bestellten Pizzas waren nach drei Minuten weg.

Spät in der Nacht fiel ich todmüde ins Bett – und konnte nicht einschlafen. Ich spürte ein Stechen in der linken Brust. Ein Ziehen bis runter zu den Fingern. Es war nicht das erste Mal, dass dies passierte. Ich versuchte, den Schmerz zu ignorieren, aber je mehr ich ihn ignorierte, desto stärker wurde er. Ich dachte an die Mail der Ärztin, die ich wenige Tage davor kontaktiert hatte. Beim Herz sei höchste Vorsicht geboten, schrieb sie. Ich sollte so schnell wie möglich in die Praxis kommen. Wie ich da im Bett lag, erinnerte ich mich auch an all die Schreckensgeschichten, die ich in den letzten Wochen gehört hatte. Ich kam mir jedes Mal blöd vor, wenn ich von dem Stechen erzählte, so, als würde ich aus einer Mücke einen Elefanten machen. Es war bestimmt nichts, sagte ich allen – vor allem mir selbst. Aber irgendwie sorgte ich mich eben doch. Mein Umfeld reagierte unterschiedlich. Einige sagten, dass ich mir da bestimmt keine Sorgen machen müsste, andere packten Geschichten aus, die ich lieber nicht hätte hören wollen. Da war die Freundin einer Freundin, die kerngesund beim Joggen zusammenbrach und um ein Haar nicht überlebt hätte. Der Cousin eines Kollegen, der Mitte dreißig an einem Herzstillstand starb. Die Bekannte, bei der man ein Loch im Herzmuskel fand. Ich weiß, dass es alle, die mir diese Geschichten erzählten, nur gut meinten. Sie wollten damit bezwecken, dass ich mich untersuchen ließ, und mir war ebenfalls bewusst, dass ich das tun musste. Dass ich das noch nicht getan hatte, hatte einen einfachen Grund: Ich wollte mir diese schöne Zeit nicht verderben lassen. So gut war mein Leben noch nie, dachte ich immer wieder. Beruflich und privat war es so, wie ich es mir immer gewünscht hatte. Es erschien mir nur logisch, dass nun etwas Schlimmes passieren musste. Außerdem war das Herz die Achillessehne meiner Familie. Nicht nur mein

Vater und mein Onkel starben an einem Herzinfarkt, in meiner Familie starben auch mein Großvater und meine beiden Großmütter aus diesem Grund. Drei von ihnen waren bei ihrem Tod noch nicht mal sechzig Jahre alt. Ich war überzeugt, dass, wenn ich mal ein gesundheitliches Problem haben sollte, es mit dem Herzen zu tun haben würde.

Am Tag nach meinem Geburtstag überwand ich mich. Ich ging zu meiner Hausärztin, bei der man ohne Voranmeldung einen Termin bekommt. Sie war nicht in der Praxis, aber weil es ums Herz ging, das man nicht warten lassen sollte, wurde ich zu ihrem Kollegen geschickt. Er machte Bluttests und ein EKG und schickte mich zurück in den Warteraum. Nach einer gefühlten Ewigkeit wurde meine Nummer erneut aufgerufen. Die Blutwerte seien alle gut, sagte der Arzt, das EKG jedoch ... Er zögerte. Ich hielt den Atem an. Auch wenn ich diesen Moment beinahe erwartet hatte, war ich kein bisschen darauf vorbereitet. Beim EKG gab es einen auffälligen »falschen« Ausschlag nach unten. Er zeigte auf das Papier vor mir, die Zickzacklinie ging mehrmals nach oben, dann plötzlich nach unten. Das müsse nicht zwingend bedrohlich sein, sagte er, aber er würde mir empfehlen, es bei einer Kardiologin prüfen zu lassen.

Fünf Minuten später war ich zu Hause und ließ kaltes Wasser über meine Handgelenke laufen. Ich zählte jedes Mal, wenn ich ausatmete, bis zehn, da ich, wenn ich es nicht tat, weinte und hyperventilierte. Weil es nur halbwegs funktionierte, rief ich meine Schwester an. Sie war auf dem Weg in den Urlaub, saß irgendwo im Stau Richtung Italien und versuchte mich so gut es ging zu beruhigen. »Willst du, dass ich nach Hause komme?«, fragte sie mehrmals. Weil sie sofort umdrehen und mit der ganzen Familie wieder nach Zürich kommen würde für mich, heulte ich noch etwas mehr. Ich verneinte. Man konnte ja ohnehin nichts tun, außer auf den neuen Termin zu warten. Aber wenn ich zur Kardiologin gehe, müsse sie mitkommen, sagte ich. Ich hatte keine Angst vor der Untersuchung. Ich hatte Todesangst.

Die nächsten Tage waren die Hölle. Zu Hause wurde ich fast wahnsinnig, wenn ich mich verabredete, konnte ich mich jedoch kaum konzentrieren. Einige meiner Freund:innen hatten fast noch größere Angst als ich und wollten alles genau besprechen, andere versuchten, mich und sich selbst zu beruhigen. Lisa flog von Berlin nach Zürich, nicht wegen mir, sondern wegen eines Jobs, kam aber direkt vom Flughafen zu mir nach Hause. Sie trank einen Beruhigungstee mit mir und erzählte von verpatzten Dates, um mich abzulenken. Ihre Bemühungen rührten mich, aber es funktionierte nur bedingt. Am nächsten Morgen buchte ich ein Zugticket nach Paris. Ich hielt es in Zürich nicht mehr aus und sagte alle Termine ab.

Paris war vor sechs Jahren meine Rettung, und Paris war es auch dieses Mal. Nadine holte mich vom Bahnhof ab, und wir gingen in einem Bistro am Canal Saint-Martin Weißwein trinken. Am nächsten Tag spazierte ich an den Orten vorbei, die ich so gut kannte und viel zu lange schon vermisste. Je länger ich in Paris war, desto besser ging es mir. Mein Herz schmerzte nicht weniger, aber meine Angst rückte in die Ferne. Am zweiten Abend traf ich Laura, wir gingen im *Hôtel Amour* Tartar essen und später zum Tanzen in eine Bar in der Nähe von Pigalle, die viel zu klein und viel zu voll war – aber für diesen Abend genau das Richtige.

Drei Tage später lag ich bei der Kardiologin auf dem Untersuchungsbett. Sie fuhr mit einem Ultraschallgerät über meine Brust, danach über meine Halsschlagader. Meine Schwester redete mir gut zu, mir liefen Tränen aus den Augen in die Ohren. Beim Ultraschall war nichts Auffälliges zu sehen. Als Nächstes setzte ich mich auf einen Hometrainer, überall an meinem Körper klebten Kabel, ein sogenanntes Belastungs-EKG sei das, sagte man mir. Jetzt wird man sehen, dass mein Herz einen Fehler hat, jetzt wird sich zeigen, was falsch ist, dachte ich und trat in die Pedale. Wegen der Anstrengung hörte ich auf zu weinen, ich fuhr schneller und schneller, nach zehn Minuten saß ich immer noch auf dem Fahrrad, die Kardiologin schaute auf den Bildschirm, alles war im Normalbereich.

Ich sollte regelmäßig meine Cholesterinwerte prüfen lassen, aber ich sei kerngesund. Der »falsche« Ausschlag beim EKG könne passieren, bedeute in meinem Fall aber nichts Schlimmes. Der Schmerz sei vermutlich muskulär und kein Grund zur Sorge. Auch musste ich nicht befürchten, bald ein Herzproblem zu haben. Die Genetik spiele natürlich eine Rolle, aber Rauchen sei das größte Risiko fürs Herz, sagte die Kardiologin weiter. Mein Vater hatte geraucht. Alle anderen in meiner Familie, die so früh starben, ebenfalls. Ich versicherte, nie mit dem Rauchen anzufangen, und meine Schwester und ich traten aus der Praxis. Hätte sie mich nicht sofort umarmt, wäre ich vor Erleichterung schluchzend auf den Boden gesackt.

Am Abend nach meiner Untersuchung war ich mit meinen zwei besten Freunden zum Abendessen im Restaurant *Italia* verabredet. Weil ich noch eine Stunde Zeit hatte und wie alle, die in Zürich leben, im Sommer immer mit Bikini und Badetuch unterwegs war, ging ich kurz zum Schwimmen zum *Oberer Letten*. Ich setzte mich auf die schmale Grasfläche neben dem Fluss in die Sonne und schaute den Leuten zu, wie sie sich aneinander vorbeizwängten. In Zürich gehört es zum guten Ton, sich darüber aufzuregen, wie überfüllt es überall dort ist, wo man baden kann. Ich bin da nicht anders, obwohl ich nach all den Jahren genau weiß, wie außergewöhnlich es ist, mitten in der Stadt einen See und einen Fluss zu haben, in denen man auch wirklich schwimmen kann.

Während ich wartete, bis ich von der Sonne genug gewärmt war, überlegte ich, warum ich so sicher gewesen war, dass ich eine Hiobsbotschaft erhalten würde. Warum erschien es mir so logisch, dass es Zeit für einen Dämpfer war? Obwohl ich dafür plädiere, dass das Leben gut sein kann, dass man optimistisch und zuversichtlich sein soll, dass die Arbeit Vergnügen sein darf, obwohl ich mich in den letzten Jahren so dafür einsetzte, dass wir mehr genießen sollten und uns um unsere Zufriedenheit kümmern sollten, traute ich dem Glück nicht. In der Schweiz gibt es das Sprichwort »Ufs Lächli gits es Bächli«, was so viel heißt, wie: Auf ein Lachen folgen Tränen. Diesen Spruch hört man als Kind, wenn man übermütig und euphorisch ist, was ich sehr oft war. Er ist tief in mir verankert. Nur: Warum sollte das so sein? Warum rechne ich mit einem Tiefschlag, wenn es mir gut geht? Warum glaube ich, dass Glücklichsein nur von kurzer Dauer und generell ein sehr fragiler Zustand ist?

Vielleicht war es an der Zeit, sich gegen die eigenen Glaubenssätze zu wehren, dachte ich, als ich flussaufwärts lief, damit ich runterschwimmen konnte. Vielleicht war das Rebellieren gegen die gesellschaftlichen Konventionen und Normen erst der Anfang gewesen, überlegte ich weiter und sprang ins Wasser. Es war kälter als erwartet.

Epilog

In den letzten sechs Jahren wurden mir immer wieder die gleichen drei Fragen gestellt. Je länger ich lebte, wie ich lebte, desto regelmäßiger musste ich sie beantworten.

»Hast du das Gefühl, du bist angekommen?«
»Was ist Heimat für dich?«
»Wie lange willst du noch so leben?«

Die Relevanz der ersten Frage habe ich nie wirklich begriffen. Ich weiß nicht, warum einige so sehr ankommen wollen. Ich höre in so vielen Interviews mit Prominenten, dass sie glücklich sind, weil sie »endlich angekommen sind« – und immer frage ich mich: Wo denn? Ich glaube nicht ans Ankommen. Vielleicht fühlt man sich wohl an dem Ort, den man gerade erreicht hat. Sei er geografisch oder emotional, und das ist auch schön und lobenswert. Vielleicht ist es ein spannender Zwischenstopp. Eine erholsame Haltestelle. Aber das Leben ist doch nichts Statisches. Es gibt doch kein Endziel. Was, wenn sich die eigenen Wünsche oder Umstände verändern? Was, wenn sich die Wünsche oder Umstände von geliebten Menschen ändern? Dann muss man weitergehen, um anderswohin zu kommen, wo es sich wieder besser anfühlt. Viel wichtiger, als anzukommen, ist es doch, immer wieder zu überprüfen, ob der Weg, den man geht, noch der richtige ist. Es gibt doch nicht die eine Lösung, die bis ans Lebensende passt.

Ich erinnere mich gut an ein Essen mit Freundinnen, die ich noch aus der Schulzeit kannte. Der Abend liegt mehrere Jahre zurück. Wir waren alle erst Mitte zwanzig, fühlten uns aber sehr alt und erwachsen. Wir saßen an einem langen Tisch im *Don Leone* beim Helvetiaplatz in Zürich, jede mit einer gigantischen Pizza und einem Glas Rotwein vor sich. Eine Freundin blickte in die Runde und lächelte zufrieden. »Schaut uns nur an!«, sagte sie. »We made it! Wir sind alle angekommen!«

Sie bezog sich auf die Tatsache, dass wir alle einen festen Freund und einen Job gefunden hatten. In ihren Augen und den Augen vieler Leute konnten diese Dinge nun abgehakt werden, wir waren angekommen in dem Leben, das wir angestrebt hatten. Heute, ein paar Jahre später, kann ich sagen, dass wir alle wieder losgezogen sind. Keine führt das Leben, das sie damals führte.

Menschen ändern sich, ob sie wollen oder nicht. Ideale und Wünsche ändern sich mit ihnen. Natürlich gibt es Leute, die ganz jung jemanden kennenlernen, mit dem sie ihr ganzes Leben verbringen. Oder sie finden eine Lehrstelle in einem Beruf, den sie bis zur Rente ausführen. Einige leiden irgendwann unter der Entscheidung, die sie in jungen Jahren getroffen haben, trauen sich aber nicht, etwas zu ändern, weil sie die eigene romantische Vorstellung oder die Erwartung anderer erfüllen möchten. Andere finden jemanden oder einen Beruf, der sich auch zu jedem späteren Zeitpunkt im Leben passend anfühlt, weil die Prioritäten ähnlich bleiben oder sich die

Wünsche gemeinsam verändern. Dass sie nicht nachjustieren müssen, ist reines Glück. Oder Zufall. Schicksal, wenn man so will. Aber ich glaube, es ist die Ausnahme. Viele müssen sich immer wieder neu orientieren, wenn sie auf Kurs bleiben wollen.

Ich will damit nicht sagen, dass wir jeden Tag von den Entscheidungen, die wir mal getroffen haben, überzeugt sein müssen, um dabei zu bleiben. Einige meiner engsten Freund:innen kenne ich seit zwanzig, manche sogar seit dreißig Jahren. Ich habe mich für sie entschieden und bleibe bei dieser Entscheidung, auch wenn sie mich manchmal fürchterlich aufregen. Ich finde sie nicht zu jedem Zeitpunkt in meinem Leben nur toll. Aber ich weiß, dass sie gut für mich sind und für mein Leben genau richtig. Würde ich aber über längere Zeit spüren, dass mir diese Beziehungen nicht mehr guttun, und es gäbe keine Möglichkeit, sie zu ändern, würde ich meine Entscheidung revidieren müssen. Gleiches gilt für meinen Beruf. Manchmal habe ich überhaupt keine Lust zu schreiben, und doch weiß ich, dass es mich insgesamt glücklich macht, Autorin zu sein, und es aktuell das Richtige ist. Ist das einmal nicht mehr der Fall, würde ich den Beruf ändern müssen, auch wenn das bedeutet, dass ich nochmals bei null anfange, viel Kritik und noch mehr verständnisloses Kopfschütteln ernten würde. Aber ich möchte mich nicht davon abbringen lassen, eine andere Richtung einzuschlagen oder einen neuen Pfad zu gehen, nur weil einige oder sogar viele Leute nicht nachvollziehen können, warum ich das tue. Ich bin die Einzige, die mein Leben lebt.

Ich finde deshalb, es lohnt sich nicht, den Fokus aufs Ankommen zu legen. Man weiß ja nie, was passieren wird und wie sich die Prioritäten in der Zukunft verschieben werden. Zu wissen, wer man ist, wie man funktioniert in der Welt, was man für Schwächen und Stärken hat, das ist wichtig, aber das Leben verändert sich ständig. Man findet nicht die eine Antwort und kann diese wie ein Patentrezept in jedem Alter anwenden.

Die Frage nach der Heimat ist etwas komplexer. Mein Herkunftsland ist die Schweiz. Da bin ich geboren, da bin ich aufgewachsen, dieses Land hat mich geprägt. So gesehen ist das meine Heimat, ganz unabhängig davon, wie fremd ich mir manchmal in der Schweiz vorkomme – nur um dann im Ausland wieder »typisch schweizerisch« genannt zu werden. Wer die Frage philosophischer sieht, und keinen Ort meint, dem würde ich sagen: »Heimat ist das Gefühl, zu wissen, wo man hingehört.«

Es ist ein diffuses Gefühl, keine richtige Maßeinheit. Ich hatte das Gefühl, nach New York zu gehören, weil ich mich dort so wohlfühlte. Ich dachte, nach Paris zu gehören, weil mir der Lebenswandel dieser Stadt so sehr entsprach. Ich fühlte mich nicht heimisch in Berlin und schon gar nicht in Mexico City, aber ich hatte auch dort manchmal ein Gefühl von Heimat. Es sind Menschen, die dieses Gefühl vermitteln können. Gerüche und Erinnerungen.

Aber wenn ich ehrlich bin, bin ich der Frage nach der Heimat etwas überdrüssig. Gut möglich, dass mein Lebensstil diesen Eindruck vermittelt, aber: Ich wollte nie eine neue Heimat finden. Ich wollte die Schweiz nicht ersetzen. Ich testete diese Städte nicht aus, um herauszufinden, ob ich für immer dort leben könnte. Ich könnte an ganz vielen Orten leben – ob ich dabei glücklich wäre, ist eine andere Frage. Ich kann mir gut vorstellen, einmal auszuwandern. Ich kann mir noch besser vorstellen, wieder zurückzukehren. Aber ich würde es nie wagen, eine Prognose abzugeben. Vielleicht ändern sich meine Prioritäten, vielleicht ändern sich meine Umstände. Ich spare mir die Mühe, einen Plan A zu machen. Die Chance, dass es anders kommt, ist viel zu groß.

Viel wichtiger als Heimat finde ich es, einen guten Kompass zu habe. Keinen richtigen, mit Stahlnadel, die sich nach dem Magnetfeld der Erde richtet. Das ist in der heutigen Zeit und in der digitalisierten Welt tatsächlich ein eher eigentümliches Gadget. Ich meine einen inneren Kompass. Das Bewusstsein für »Norden«. Ob man zu Hause bleibt oder loszieht, ist dabei völlig egal. Aber wenn man einen Schritt ins Unbekannte wagt, muss man wissen, wie man sich orientieren kann. Das eigene Leben zu ändern und sich zu entschließen, nicht länger mit der Gesellschaft und deren Erwartungen Schritt zu halten, ist manchmal verdammt hart. Es ist verlockend, zurück auf die festgetretene Straße zu gehen. Wir alle haben diese kritischen Stimmen im Kopf, eigene und fremde. Wir alle sind von uns liebenden Menschen umgeben, die nur das Beste und uns deshalb schützen wollen und so all ihre Ängste und Sorgen auf uns projizieren. Wir alle sind mit ähnlichen Ideen, was richtig und falsch ist, groß geworden. Die Vorstellung, wie »das Leben« sein muss, fällt nicht einfach plötzlich ab. Manchmal war ich müde davon, ständig »anders« zu sein, und war geneigt, wieder im Hamsterrad mitzurennen und ins allgemeine Jammern über Stress und Eintönigkeit einzusteigen. Es schwingt oft eine Portion Bitterkeit im Lob »Du gehst deinen eigenen Weg« mit. Man muss gut aufpassen, diese nicht versehentlich zu schlucken.

Hätte ich nicht so klar gewusst, wo Norden ist, wäre ich sicher dreimal im Kreis gerannt und dann gegen eine Wand geknallt. Aber sogar im größten Chaos funktionierte mein Kompass. Ich glaube, in den meisten Fällen ist es ein Mensch, an dem man sich orientiert. Eine Person, die einem so nahesteht, so vertraut und wohlwollend ist, dass sie die Welt zuweilen klarer sieht als man selbst. Für mich ist es meine Schwester. Sie muss nicht in meiner Nähe sein, damit ich weiß, wo ich entlangmuss. Sie gibt mir auch keinen Weg vor. Sie hat andere Prioritäten und Wünsche, und um diesen gerecht werden zu können, lebt sie ein völlig anderes Leben als ich. Wir sind so unterschiedlich, dass man schnell vergessen könnte, dass wir verwandt sind. Sie ist nicht mein Kompass, weil sie mir so ähnlich ist, sondern weil sie mich so gut kennt, dass sie mir sagen kann, wo ich hinwollte, wenn ich es vergesse.

Jemanden wie sie zu haben, sei es die Schwester oder sonst jemand, ist ein großes Glück. Mein Leben wäre zehnmal schwerer ohne sie. Sie erdet mich, wenn ich die Bodenhaftung verliere. Und sie zieht mich hoch, wenn ich zu lange liegen bleibe. Ich kann Risiken eingehen, die ich ohne sie nie wagen würde. Ich traue mich, zu scheitern und hinzufallen, weil ich weiß, dass ich aufgefangen werde. Wegen ihr fühle ich mich nie einsam, auch wenn ich Tausende Kilometer weit entfernt und sehr allein bin. Es ist ein Zufall, dass sie da war, als mein Leben angefangen hat. Aber es ist kein Zufall, dass sie jetzt so sehr in meinem Leben ist. Dass sie mein Kompass ist, das ist das Resultat einer lebenslangen Prioritätensetzung. Unsere

Beziehung ist das Ergebnis von Abertausenden gemeinsam verbrachten Stunden und Hunderter von Diskussionen und Streits. Wir entschieden uns immer wieder aufs Neue, die andere weit oben auf der Prioritätenliste zu haben. Ich sage Jobs ab, um ihren Sohn von der Spielgruppe abholen zu können. Ich buche meine Flüge um, damit ich bei wichtigen Terminen dabei sein kann. Ich würde jeden Auftrag sausen lassen und jeden Job hinschmeißen, wenn sie meine Anwesenheit benötigte. Ich fühlte mich in den letzten sechs Jahren mehrmals verloren und ziellos. Aber ich war nie in einer Sackgasse. Ich hatte einen Kompass.

Ob ich weiterhin so leben werde, wie ich es die letzten sechs Jahre getan habe, weiß ich nicht. Diese Frage kann ich schlicht nicht beantworten. Der Gedanke daran, es nicht mehr zu tun, stimmt mich melancholisch. Ich habe in diesen Jahren so viel erlebt und gelernt wie in keinem Jahr zuvor – meine ersten Jahre auf der Erde mal ausgenommen. Jede Stadt hat mir etwas anderes beigebracht. Paris hat mir deutlich gemacht, wie sehr man genießen und schlemmen und unbekümmert sein soll. In Berlin habe ich angefangen, das Arbeiten in einem anderen Licht zu sehen. Mexico City war eine harte, aber wichtige Lektion. Was für ein Glück es ist, wenn man aufgeben kann, und dass dies manchmal mutiger ist, als zu bleiben, habe ich dort sehr klar erlebt. Buenos Aires hat mir bewiesen, wie robust und resilient der Mensch ist. Wie wichtig es ist, in der Gegenwart zu leben, weil sich der Wert einer Sache im Stundentakt verändern kann. New York zeigte mir, dass wir mutiger und offener beim Feiern und Loben sein müssen und dass Komplimente ihren Zweck erst erfüllen, wenn sie ausgesprochen werden. Mein Blick auf Zürich hat sich in den Jahren ebenfalls verändert. Ich wurde meiner Heimatstadt gegenüber zu gleichen Teilen wohlwollender und kritischer. Mir wurde bewusster, wie wertvoll die Freundschaften sind, die ich in all den Jahren aufgebaut habe, je öfter ich weg war. Wie zentral diese Beziehungen für das Glücklichsein sind. Ich verstehe dafür immer weniger, warum in der Schweiz Eigenschaften aufrechterhalten werden, die vielen von uns zuwider sind. Ich begreife nicht, warum wir, ein so privilegiertes Volk, so oft so tun, als wäre etwas nicht zu ändern. Ich wünschte, wir würden weniger nach dem »Das Leben ist hart«-Motto leben und nicht alle illusorisch und größenwahnsinnig schimpfen, die sich dem widersetzen.

Ich habe es geliebt, neue Städte zu erleben. Ich genoss es, einzutauchen und für eine kurze Zeit einen neuen Alltag zu schaffen. Mein Leben zur Hälfte im Ausland zu verbringen, war zentral für mein selbstdefiniertes Lebensmodell. Nur halbtags zu arbeiten, meine Priorität im Privat- statt im Berufsleben zu sehen und Entscheidungen basierend auf Lust und Spaßerwartung zu fällen, war für mich in diesen Jahren zwar genauso prägend, aber weniger klar fassbar als das Verschieben des Lebensmittelpunktes. Vielleicht hätte ich all das über mich, mein Leben und meine Priorisierung auch in der Schweiz oder einem anderen Land herausgefunden. Ich werde es nie erfahren. Was ich jedoch weiß, ist, dass sich diese Art zu leben auch rückblickend richtig anfühlt. Ich bereue keine der Städte, auch wenn es manchmal einfacher gewesen wäre, in Zürich zu bleiben.

Mein Wunsch, für längere Zeit in einer anderen Stadt zu leben, ist nicht mehr so groß. Wieder ganz in der Schweiz zu leben, kann ich mir aber ebenfalls nicht vorstellen. Das realistischste Szenario finde ich gerade, dass ich meine Zeit zwischen zwei, vielleicht drei Orten aufteile. Aktuell sehe ich mich vor allem in Zürich und New York und ab und zu in Paris. Aber ich weiß nicht, was auf mich zukommt. Vielleicht geschieht etwas, das alles verändert. Vielleicht muss ich für ein Projekt in ein fernes, mir unbekanntes Land ziehen. Vielleicht habe ich plötzlich weniger Lust auf Metropolen und bin mehr in der Natur. Vielleicht gründe ich eine Familie, und vielleicht eröffne ich ein Restaurant in den Bergen. Letzteres ist eher unwahrscheinlich, aber ich weiß wirklich nicht, was die Zukunft bringt und wie ich auf die neuen Umstände, die sie mit sich bringen wird, reagieren werde. Ich weiß nur, dass ich mich noch oft hinsetzen und darüber nachdenken werde, was meine Prioritäten sind. Diese werden sich verändern. Und ich mich auch. Am Schluss geht es immer um die gleiche Frage:

»Wer und was bekommt das Wertvollste, das ich habe, meine Zeit?«

Dank

Ich glaube, ein Buch ist nur zur Hälfte ein Schreibprozess. Die andere Hälfte habe ich meinem Umfeld zu verdanken. Ich habe Freund:innen, die mit mir Ideen besprechen, wenn sie noch kein bisschen ausgereift sind. Einige feiern absolut unkritisch alle meine Überlegungen, andere hinterfragen jeden Gedanken. Ich habe Freund:innen, die mich herausfordern, jede meiner Aussage zu verteidigen, und solche, die mich anspornen, wenn ich, wie immer nach zwei Dritteln des Buches, keine Lust mehr habe zu schreiben.

Ich möchte zuerst Tanja, Sharon, Madeleine und David danken, die meine Texte lesen, lange bevor sie in einer Fassung sind, die man vorlegen kann. Ihr könnt euch gar nicht vorstellen, wie sehr es mich ehrt und rührt, dass ihr euch so freut, wenn ich euch eine unfertige Version meiner Bücher, Theaterstücke und Drehbücher schicke. Mein Dank geht weiter an meine Mutter, die ebenfalls liest, wenn das Buch noch ein loses Gedankenwirrwarr ist. Ich bin unglaublich stolz, deine Tochter zu sein, und jeden Tag dankbar für die Werte, die du mir mitgegeben hast. Bevor das Buch ins Lektorat geht, liest meine Schwester. Es gibt niemanden, den ich mehr bewundere, und keine Meinung, die ich mehr schätze. Ich danke meinen Lektorinnen, Esther Feustel und Anja Hänsel von Piper, die den ganzen Prozess so klar und leicht für mich machten, wie man sich das als Autorin nur wünschen kann. Der Fotografin Mirjam Kluka danke ich für das Coverfoto und meinem Literaturagenten Thomas Schmidt-Wölke für die Unterstützung und die Titelidee.

Hätte ich nicht so viele großartige Menschen um mich, wäre dieses Buch gar nicht erst entstanden. Ich danke Nicole, David, Samuel, Gülsha, Maja, Eva, Rico, Deborah, Marc, Alex, Roland, Andreas, Oliver, Jonas, Julia, Nadine, Seline, Jessica, Andres, Panos, Tina, Megan, Stephanie, Myles, Craig, Bethany, Lela, Juan, Sonnie, Natalie, Theresa, Ricardo, Isabelle, Rachel, Daniel, Seraina, Elio, Lilly und Ben und natürlich allen, die ich schon zuvor erwähnt habe. Danke dafür, dass ihr mich begleitet, unterstützt, mit mir mitfeiert und mitfiebert, mich motiviert und inspiriert und mit mir neue Städte erkundet.

Wegen euch waren diese sechs Jahre, über die ich in diesem Buch schreibe, die schönsten, aufregendsten und abwechslungsreichsten meines bisherigen Lebens. Danke.